鹿鸣心理

未成年人心理健康丛书 鹿鸣心理

重庆市出版专项资金资助项目

丛书总主编　胡　华
丛书副主编　杜　莲　屈　远

未成年人
心理危机问题：
专家解析与支招

主　编

蒙华庆

副主编

杨发辉　郑汉峰

编　者（按姓氏笔画排序）

龙海伦　卢逃涛　代　硕　刘　闰　刘　杰

刘建华　李　兴　李亚琪　李嘉雯　杨祥英

张静怡　陈金钰　陈峙虎　陈晓鹭　周晨曦

洛桑卓玛　唐德剑

重庆大学出版社

推荐序 1

　　很高兴接受重庆市心理卫生协会胡华理事长的邀请，为她及其团队撰写的"未成年人心理健康丛书"写推荐序。

　　记得联合国儿童基金会前执行主任亨丽埃塔·福尔曾经说过："许多儿童满怀悲痛、创伤或焦虑。一些儿童表示，他们不知道世界会如何发展，自身的未来又将怎样。""即便没有出现疫情大流行，很多儿童也苦于社会心理压力和心理健康问题。"世界卫生组织在 2017 年就发布了《全球加快青少年健康行动（AA-HA!）：支持国家实施工作的指导意见》，表明在全球公共卫生中重视青少年健康的时候到了。如今，未成年人心理健康问题十分严峻，未成年人的全面健康发展也是我国社会发展中的重大现实问题。

　　该丛书着眼于未成年人的心理健康，紧贴未成年人心理健康现状，以图文并茂的方式展现了未成年人在成长过程中容易出现的心理问题，涉及情绪、睡眠、行为、性困惑、人际关系与学业竞争等八大主题，通过真实案例改编的患儿故事，从专家的视角揭示其个体生理、家庭、学校、社会等多方面的成因，分别针对孩子、家长、学校以及社会各层面提出具体的操作策略，是一套简单实用、通俗易懂的心理学科普丛书。

　　孩子是社会中最脆弱、最易感、最容易受伤，也最需要关爱和呵护的群体。

　　全球有约 12 亿儿童青少年，且 90% 生活在中低收入国家。《全球加快青少年健康行动（AA-HA!）：支持国家实施工作的指导意见》指出：存在前所未有的机会来改善青少年的健康并更有效地应对青少年的需求。该指导意见还强调对青少年健康的投资可带来三重健康效益：青少年的现在——青少年健康即刻受益于促进有益行为以及预防、早期发现和处理问题；青少年未来的生活——帮助确立健康的生活方式以及在成年后减少发病、残疾和过早死亡；下一代人——通过在青少年期促进情感健康和健康的做法以及预防风险因素和负担，保护未来后代的健康。

　　生态模型的心理干预理念告诉我们：关注个体、个体生存的微观系统、宏观系统，通过改善这三个方面的不良影响，达到改善心理健康的目的。相对于需要面对为未成年人所提供社会心理照护服务的最严峻挑战而言，在促进和保护未成年人的心理健康方面所投入的科普和宣教工作更加实际和高效。相信这套由重庆市心理卫生相关机构、各个心理学领域的临床专家和学术带头人、"重庆市未成年人心理健康工作联盟"的重要成员们共同撰写、倾情奉献的"未成年人心理健康丛书"对帮助整个社会更好地正确认识和面对未成年人一些常见的心理问题以及科学培养未成年人具有重要意义。

孟　馥

中国心理卫生协会心理治疗与心理咨询专业委员会

副主任委员

兼家庭治疗学组组长

2023 年 4 月 10 日

推荐序 2

　　心理健康是全社会都应该关注的话题，特别是对于未成年
人来说，它是影响其成长发展的重要因素。然而，现代社会
的快节奏生活方式使许多未成年人面临精神心理问题的困扰。
2021 年，"中国首个儿童青少年精神障碍流调报告"显示，
在 6—16 岁的在校学生中，中国儿童青少年的精神障碍总患病
率为 17.5%，这严重影响了未成年人的健康成长。为此，重
庆市心理卫生协会积极推进普及未成年人心理健康知识的科
普工作。同时，该协会拥有优秀的专家团队，他们积极组织编
撰了本套丛书。本套丛书共八册，分别聚焦心理危机问题、情
绪问题、行为问题、睡眠问题、心理发育问题、性心理问题、
人际关系与学业竞争问题、童年养育与心理创伤问题等全社会

关注的热点问题。

　　这套丛书以通俗易懂的语言和图文并茂的方式，结合实际案例，为读者提供了丰富、系统、全面的心理健康知识。每册都包含丰富的案例分析、实用的解决方案和有效的预防方法。无论您是家长、老师、医生、心理治疗师、社会工作者，还是对儿童心理健康感兴趣的读者，这套丛书都将是您实用有效的工具，也将为您提供丰富的信息和有益的建议。

　　因此，本套丛书的出版对提高社会大众对于未成年人心理健康问题的认识和了解具有非常重要的意义。本套丛书以八个热点问题为主题，涵盖了各个方面的未成年人心理健康问题，为广大读者提供了全面、深入、权威的知识。每册都由业内专家撰写，涵盖了最新的研究成果和实践经验，以通俗易懂的方式呈现给读者。这不仅有助于家长更好地了解孩子的内心世界，也有助于教师与专业人士更好地开展心理健康教育和治疗工作。

　　在这里，我代表中国心理卫生协会儿童心理卫生专业委员会，向胡华理事长及其团队表示祝贺，感谢他们的辛勤工作和付出，让本套丛书得以顺利出版。我也希望本套丛书能够得到广大读者的关注和认可，为未成年人心理健康的普及和发展做

出积极的贡献。最后，我也希望未成年人心理健康能够得到更

多人的关注和关心，让每一个孩子都能健康快乐地成长，为祖

国的未来贡献自己的力量。

罗学荣

中国心理卫生协会儿童心理卫生专业委员会

第八届委员会主任委员

2023 年 4 月 2 日

推荐序 3

　　由重庆大学出版社出版、重庆市心理卫生协会理事长胡华教授任总主编的"未成年人心理健康丛书"出版了，向该丛书的出版表示由衷的祝贺，并进行热情的推荐！

　　值得祝贺的是，该丛书聚焦未成年人这一特殊群体，从心理发育问题、童年养育与心理创伤问题、心理危机问题、性心理问题、行为问题、情绪问题、睡眠问题、人际关系与学业竞争问题等八个方面，全面地梳理了在未成年人群体中比较常见的各种心理问题。对广大读者来说，可以全面、系统、详细地了解未成年人成长过程中遇到的各种心理问题，从中发现解决未成年人心理问题的良策。

　　值得推荐的理由可以从以下几个方面呈现：（1）丛书的

结构完整：丛书的每一分册都是严格按照"案例故事—专家解析—专家支招"的结构进行撰写的。首先，列举的案例故事，呈现了未成年人的心理问题的具体表现；其次，对案例故事以专业的视角进行解释和分析，找出发生的原因和机制；最后，针对案例故事进行有针对性、策略性和可操作性的支招。

（2）丛书的内容丰富：从幼龄儿童的心理发育问题、养育问题到年长儿童的各种心理行为问题、睡眠问题和人际关系问题，无一不涉猎，对未成年人群体可能出现的心理问题或障碍均有描述，而且将最常见的心理问题以单独成册的形式进行编纂。同时，信息量大但又分类清晰，易于查找。（3）丛书的文字和插图优美：丛书的案例文字描述具体、文笔细腻；专家解析理论充实，有理有据；专家支招方法准确，画龙点睛。同时加配了生动活泼、鲜艳亮丽和通文达意的插图，为本已优美的文字锦上添花。

可喜的是，本丛书有许多年轻专家的加入，展现了新一代心理卫生工作者的风范和担当，为未成年人的心理健康服务奉献了他们的智慧。

本丛书适合于广大未成年人心理卫生工作者，主要是社会工作者、学校心理老师、心理咨询师、心理治疗师和精神科医师、家长朋友和可以读懂本丛书的未成年人朋友，可以解惑，抑或助人。

杜亚松

上海交通大学医学院附属精神卫生中心
教授、博士生导师
2023 年 3 月 26 日，上海

丛书序言

　　未成年人是祖国的未来，他们的心理健康教育，事关民族的发展与未来，是教育成败的关键。2020 年 10 月 17 日，第十三届全国人民代表大会常务委员会第二十二次会议第二次修订《中华人民共和国未成年人保护法》，自 2021 年 6 月 1 日起施行。2021 年，重庆市主动作为、创新思考，由市委宣传部、市文明办联合政法、教育、财政、民政、卫健委、团委、妇联、关工委等 13 个部门发起成立了"重庆市未成年人心理健康工作联盟"。重庆市心理卫生协会有幸作为联盟成员单位参与其中。我个人一直从事与儿童青少年精神心理健康相关的临床、教学和科研工作，并借重庆市心理卫生协会这个学术平台已成功举办了五届妇女儿童青少年婚姻家庭心理健康高峰论坛、各

种相关的专业培训班及非专业人士的公益课堂。重庆市心理卫
生协会作为一个专业性、公益性的学术组织，一直努力推进大
众心理健康科普工作，连续多年获上级主管部门重庆市科协年
度工作考核"特等奖"。同时协会拥有优秀的专家团队，积极
参与策划和落实这套丛书的编撰，是编著丛书最重要的支持力
量。我希望通过这套图文并茂的丛书能够促进普通大众对未成
年人心理健康知识有更多的了解。

　　在临床工作中，我们时常看到这样一些现象：孩子在家天
天玩游戏，父母却无可奈何；父母希望靠近孩子，但孩子总是
保持距离；父母觉得为孩子付出很多，但孩子感到自己没有被
看见、没有被尊重；个别中小学生拉帮结伙，一起欺辱班上的
某个同学，导致这个被欺负的学生恐惧学校；也有些学生一次
考试成绩失利就厌学逃学；而有些孩子被批评几句后就出现自
残、轻生行为……我们越来越多地看见未成年人出现各种各样
的心理问题，甚至是严重的精神障碍。面对这些问题时，很多
父母非常无助，难以应对，要么充满自责和无奈，要么互相埋
怨指责。也有父母不以为意，简单地认为是孩子的"青春期叛
逆"。学校和老师则有时过于紧张不安、小心翼翼，不敢轻易

接受他们上学或复学，让一些孩子在回到学校参与正常的学习上又多了一些困难。而社会层面也有很多不理解的声音，对这些未成年孩子的情绪反应和行为方式不是去理解和帮助，反而是批判和排斥。

实际上，未成年孩子在生理、心理上具有自身突出的特点，相较于成年人，他们处于不稳定、不成熟的状态，他们的世界观、人生观、价值观等思想体系正处在形成阶段。这个时期的孩子非常需要家庭、学校、社会等多方面给予特别的关心、爱护、引导与帮助。来自周围的对他们的一些观念、态度的转变，可能看起来非常微小，却往往成为点亮他们生活的一束光，可能帮助他们驱散内心的一点阴霾，更好地度过这段人生旅程，走向下一个成长阶段。

本套丛书共八本书（分册），分别聚焦未成年人的心理危机问题、情绪问题、行为问题、睡眠问题、心理发育问题、性心理问题、人际关系与学业竞争问题、童年养育与心理创伤问题等主题。丛书各分册的主编与副主编均是重庆市心理卫生协会理事会的骨干专家，具有丰富的心理学知识或者临床经验。由于未成年人的各个生命发展阶段又呈现出不同的心理特点，因此本套丛书也强调尽量涵盖现代社会中不同年龄段未成年人所面临的具有代表性的心理问题。

本丛书的每个分册都具有统一的架构，即以案例为导向的专业分析和建议。这些案例都源自作者专业工作中的真实案例，但同时为了保护来访者隐私，强调了对其个人信息的伦理处理。如有雷同，纯属巧合，请读者不要对号入座。为了使案例更加具有代表性，也可能会结合多个案例的特点来阐述。为了给大家更加直接的帮助，每个案例都会有专业的解读分析，及具体的解决方法和建议。书中个案不少来自临床，医务人员可能给予了适当的药物处理和建议，请读者不要擅自使用药物。如有严重的相关问题，请务必到正规的专业医院进行诊治。希望通过本丛书深入浅出的讲解，帮助未成年孩子的父母、学校老师以及未成年人自己去解决教育和成长中面临的困惑，找到具有可操作性的应对方案。而这些仅代表作者个人观点，难免有主观、疏漏，甚至不够精准之处，欢迎读者提出宝贵意见和建议，以便有机会再版时可以被更正，我们将不胜感激！

在本丛书的编写过程中，我真诚地感谢重庆大学出版社的敬京女士，她是我多年的好友，当我有组织这套丛书的设想时，与她一拍即合，感谢她一路的积极参与和支持，以及她身后的出版社领导和各部门的专业帮助，还有插画师李依轩、辛晨的贡献。因为有他们的帮助和支持，本丛书才能顺利完成。同时，我真诚地感谢重庆市心理卫生协会党支部书记胡晓林、重庆市心理卫生协会名誉理事长蒙华庆及重庆市心理卫生协会常务理事会的成员们，在 2021 年 9 月常务理事会上对丛书编写这一提案的积极支持和鼓励。我要真诚地感谢重庆医科大学附属第一医院心理卫生中心的同事，重庆市心理卫生协会的秘书长杜莲副教授，以及副秘书长屈远博士，在组织编撰、写作框架、样章撰写与修改、篇章内容把控、文章审校等方面的共创和协助。我还要感谢重庆市心理卫生协会常务理事、重庆市心理卫生协会睡眠医学专委会主任委员、重庆市第五人民医院睡眠心理科高东主任和重庆市心理卫生协会理事、重庆市第五人民医院睡眠心理科黄庆玲副主任医师对样章撰写的贡献！

我要感谢所有参与丛书编写的各分册主编、副主编及编委会专家和作者的辛苦付出！没有你们，这套丛书不可能面市。

我还要感谢重庆市委宣传部未成年人工作处李恬处长的支持和鼓励，并把这套丛书的编写纳入"重庆市未成年人心理健康工作联盟"2022 年的工作计划中。

最后，我要感谢在丛书出版前，给予积极支持的全国儿童青少年心理与精神卫生领域的知名专家，如撰写推荐序的孟馥教授、罗学荣教授、杜亚松教授，撰写推荐语的赵旭东教授、童俊教授和夏倩教授，以及家庭教育研究者刘称莲女士。

健康的心理造就健康的人生，我们的社会需要培养德智体美劳全面发展的社会主义接班人！我们的社会和家庭需要我们的孩子成长为正如"重庆市未成年人心理健康工作联盟"所倡导的"善良、坚强、勇敢"的人。为此，面对特殊身心发展时期的孩子，我们需要在关心他们身体健康的同时，更加积极地关注他们的心理健康状况，切实了解他们的心理需求和困难，才能找到解决问题的正确方法，才能让孩子在参与和谐人际关系构建的同时实现身心的健康成长和学业进步。

虽然未成年人的心理健康发展之路任重而道远，但我们依然砥砺前行！

胡 华

重庆市心理卫生协会理事长

作者序言

　　心理危机的概念最早是由国外学者于二十世纪五六十年代提出来的，是指个体面临突然或重大生活事件，既不能回避又无法解决时所出现的心理失去平衡的状态（俗称"心理崩溃"）。当个体处于危机状态时会产生一系列心理生理反应，常见的心理反应有焦虑、恐惧和抑郁，重度抑郁时会出现自杀意念甚至自杀行为，这是最严重的危机状态。儿童青少年身心尚未发育成熟，心理较脆弱，承受压力和打击的能力较差，遭遇负性生活事件时很容易发生心理危机，因此，对儿童青少年的心理危机问题，我们应予以高度重视。本分册的作者均为临床心理卫生工作的一线专业人员，书中20个故事分别是各位作者临床心理工作中遇到的真实案例，通过这20个真实故事来呈现未成年人的心理危机发生的常见原因、发生发展过程中的心理机制和变化规律以及表现出来的危机行为的特征，同时，每一个故事都配有专家解析和专家支招，使读者能够很好地了解这些危机发生的原因、发生发展的规律以及预防和解决这些危机的方法和措施。

为了使读者能更好地了解未成年人心理危机发生发展的真实情况，本书在编写中尽可能真实地呈现故事的原貌，包括有些严重危机状态中的极端情绪反应的描述，如自残自杀行为或攻击他人、破坏环境的行为等，这些内容可能会引发心智尚未成熟的未成年人的模仿行为；专家解析中涉及对家长和学校的过失的分析，也可能会引发未成年人对家长和学校的怨恨与责备，因此，建议未成年人在监护人的指导和陪伴下阅读。本书最适合的读者为未成年人的父母、爷爷奶奶、外公外婆和中小学教师以及广大的心理卫生工作者。

长期以来，我在处理儿童青少年心理危机的临床工作中，经常听到孩子的父母、爷爷奶奶和外公外婆发出这样的疑问："今天的孩子究竟是怎么了？他们为什么这样脆弱？"事实上，有这样疑问和困惑的不仅是这些家长，还有成千上万的家长们。本书用 20 个鲜活的案例和专家解析来呈现生命痛苦的故事是如何展开的，从而试图回答广大家长们的这些疑问和困惑。但是，这 20 个案例并不能完整系统地反映未成年人心理危机的全貌，仅仅呈现了未成年人常见的心理危机状况，同时，我们首次用讲故事的方法来描写和阐述未成年人心理危机的相关知识，难免有不完善之处，敬请广大读者提出宝贵意见。

最后，我要衷心感谢为本书编写付出辛勤劳动和智慧的各位作者，他们分别是：西南大学心理学部的杨发辉主任和李兴、洛桑卓玛、龙海伦、李亚琪、陈金钰、刘杰和陈峙虎七位老师；重庆市第十一人民医院青少年儿童心理科的郑汉峰主任和唐德剑、代硕、刘闰、李嘉雯、周晨曦、张静怡六位老师；重庆市殷弘教育／一滴暖流心理咨询中心首席咨询师卢逃涛；重庆市渝中区精神卫生中心心理科的刘建华主任；重庆医科大学附属第一医院心理卫生中心的陈晓鹭、杨祥英老师。特别要感谢杨发辉和郑汉峰两位副主编，他们在百忙的工作中挤出时间，为本书的编写付出了大量的心血和智慧。

蒙华庆

于深圳市儿童医院

2022 年 11 月 6 日星期日

目录
CONTENTS

第 1 节
新冠肺炎疫情带来的死亡恐惧

杨发辉　　李　兴

案例故事

　　2020 年，一场突如其来的新冠肺炎疫情打乱了武汉市民的生活节奏，让他们身处水深火热之中，遭受着丧失生命的巨大威胁。数以万计的人经历着被感染、被隔离、亲属感染离世等一系列糟糕的事情。在这个过程中，新型冠状病毒摧残的不仅是他们的身体，也一度击垮了他们的心理防线，焦虑、无助、抑郁、恐惧、绝望等消极情绪纷至沓来。成年人在这样重大的突发公共卫生事件中尚不能安然处之，未成年人的慌乱更是显而易见的。

　　王小莉是一个土生土长的武汉人，17 岁的她在武汉某所中学读高一，是家里的独生女，平日里就是集全家宠爱于一身的小公主，充满爱的家庭氛围让她成为一个富有同情心、体贴、礼貌懂事的小女孩，在学校和老师、同学们都相处得很好，也很招人喜欢。

因疫情防控需要，武汉于 2020 年 1 月 23 日封城，病例的突然增加使得很多武汉市民感到紧张和害怕。疫情的肆虐让王小莉一家的生活发生了翻天覆地的变化，她也逐渐意识到病毒的可怕性。1 月 24 日是除夕，与往年的热闹气氛大不相同，今年只有她和爸爸妈妈一起吃年夜饭，因为封城前囤积的食材并不多，所以今年的年夜饭也比往年简单了许多。饭桌上一家人一边吃着饭，一边听着新闻播报的疫情最新消息，听到确诊病例和死亡病例有所增加时，全家人都叹了一口气，好在爸爸妈妈平日里就是比较积极乐观的人，他们都坚信武汉一定能够渡过这个难关，因此也努力让小莉平复心情。吃完年夜饭之后，全家还一起看了春节联欢晚会。爸爸妈妈也在间隙给其他亲戚朋友发了新年祝福，小莉也看到自己的班主任和其他老师在群里给同学们发了新年祝福并叮嘱大家注意防护，小莉和其他同学都在群里回复了老师。小莉心不在焉地看着春节联欢晚会的节目，脑海里想的都是以前自己和家人一起出去游玩、和同学们一起学习、和朋友们一起逛街时的快乐场景。爸爸看时间有点晚了，便叫小莉早点去休息。小莉的思绪这才被拉回现实，她有点害怕地问爸爸："爸爸，我们会没事的吧？"爸爸抱着她说："当然了，只要我们做好防护，尽量不出门，就不会有事。"小莉点点头，回卧室去睡觉了，睡觉前她特意许下了一个新年愿望，那就是希望春风能够吹走这可怕的病毒，自己的亲人、朋友能够平安健康。小莉关注着疫情消息，根本静不下心来做其他事。看着新闻里支持疫情工作的城管、环卫工人、交警、街道办事处工作人员、医生、护士等不同岗位的本地工作者及从外地赶来支援武汉的医护人员，小莉红了眼眶，同时也很为他们的安全担心。2 月 5 日，由于家里储存的食物、消毒水、口罩等生活必需品所剩无几，小莉的爸爸决定到小区楼下的超市和药房去购买一些。小莉十分担心，特意让爸爸戴两个口罩，并戴上手套和帽子全副武装地出门。自爸爸出门那一刻起，小莉和妈妈就开始忐忑不安。大概十一点的时候，爸爸终于带着一大箱子东西回来了，里面有一些蔬菜、水果、糖果、口罩、消毒水等，小莉拿着消毒水给爸爸进行了细致的消毒。爸爸跟妈妈说超市的好多东西都已售空了，药店的口罩和消毒水也所剩无几了，还说隔壁王奶奶前不久因感染新冠病毒去世了。小莉听到这个消息眼泪"唰"地一下就流出来了，因为王奶奶平时对她很好，而且王奶奶很有学识，跟她聊天总能学到很多知识。小莉一时间无法接受这种自己身边人突然去世的消息，同时也对新冠病毒感到更加害怕，以至于中午吃饭的时候食欲大减，拿起筷子吃了几口就回到自己房间了。小莉还很担心住在其他小区的爷爷奶奶，她总是打电话叮嘱他们不要随意出门，要经常消毒，尽管爷爷奶奶和大伯他们住在一起，有人照顾着。

由于囤积的物资比较少，小莉很担心家里这点儿东西吃完了买不到其他食物，而且每次爸爸出去买东西都面临着感染病毒的巨大风险，一想到这些小莉就心里发慌，情绪低落，特别容易伤感，甚至脾气都变得暴躁起来。小莉觉得这是自己第一次离死亡这么近，虽然自己还没有感染病毒，但是这个病毒恶狠狠地笼罩着整个武汉。看着疫情防控动态上的新增病例，小莉总会觉得躲不过这个病毒，对未来失去了信心，晚上觉也睡不好了，很容易从梦中惊醒，白天又很疲乏，总是坐立不安地看新闻。她很爱自己的家人，所以她害怕自己和家人感染这可怕的病毒。

父母察觉到了小莉的异样，便与她进行了谈话，了解了小莉内心深处的恐惧：对病毒和死亡的恐惧。妈妈抱着小莉，对她说："莉莉，纵使这个病毒再可怕，我们的国家已经在全力以赴地应对了，我们要相信国家能够领导我们战胜这场突如其来的疫情，况且新闻也说了这个病毒的易感人群是年龄较大的、患有哮喘等基础病的人，所以强健的体魄和强大的内心尤为重要，我们应该在家做好个人防护，并加强锻炼，增强免疫力。当然我们也会有不得不出去购买必需品的时候，但是你放心，疫情防控岗位上的工作人员都对此进行了周到的考虑，我们进出小区都要测量体温、用消毒水消毒，每天也有保洁阿姨对我们小区的设施进行全面消毒。妈妈知道你可能还会担心爷爷奶奶、姥姥姥爷，我也叮嘱过他们，让他们没事儿就别出门，你大伯和舅舅会把他们照顾得很好的，等到春暖花开，疫情得到控制时，我们就可以去看望他们了。我们这一生到最后都会经历死亡，妈妈希望你能够更从容地看待死亡这个自然现象，生命诚可贵，我们能做的就是活着的时候尽量去做一些对自己、他人和社会有意义的事情，从而实现自己的人生价值。"小莉点点头，目光变得坚定起来，对妈妈说："妈妈，我想从今天开始给自己制订新的学习计划和锻炼计划，但是我希望我们能一起做运动、锻炼身体，可以吗？"爸爸和妈妈相视一笑："当然可以了，强身健体，从我做起。"

就这样，小莉慢慢地减少了对病毒和死亡的恐惧，逐渐将自己的心思重新转移到学习上，并坚持带着爸爸妈妈跟着视频做健身操，每天的清洁消毒也没有落下，不再有之前的种种焦虑和惶恐。

专家解析

本案例故事中的小莉因疫情出现紧张惶恐、睡眠质量差、情绪低落、焦虑等症状，临床现象基本符合由重大公共卫生事件引发的应激心理的特征，这种应激心理的特征主要有：

（1）恐惧。在面对新冠肺炎疫情这种自己无法逃避而又没有能力应对的突发事件时，小莉出现了明显的恐惧心理，因为新冠病毒对人们而言就是一种重大威胁，一旦感染上，自己的身体健康就会受到损害，不仅会遭受病痛的折磨，甚至还会有生命危险。成年人尚会对此感到害怕和不安，作为未成年人的小莉更容易对此产生恐惧心理。

（2）睡眠质量差。小莉出现了明显的在睡梦中惊醒、晚上睡不好、白天容易疲乏的睡眠质量问题。

（3）情绪低落。突如其来的疫情不仅影响了小莉正常的生活状态，还使她出现了短时间的伤感、压抑等负面情绪。情绪低落通常会随着情境的变化而变化，积极的自我调节也有利于改善这种情绪。

（4）焦虑。这是人们在面对即将发生的重大事件时容易产生的情绪反应，其表现形式包括但不限于紧张、心慌、坐立不安、头晕、发抖等。小莉坐立不安地查看新闻动态、反复消毒等行为都是焦虑的表现。

《突发公共卫生事件应急条例》中对突发公共卫生事件的定义：突然发生，造成或者可能造成社会公众健康严重损害的重大传染病疫情、群体性不明原因疾病、重大食物和职业中毒以及其他影响公众健康的事件。此次新冠肺炎疫情就属于突发公共卫生事件。面对这样的突发公共卫生事件，人们的应对能力和意识是比较薄弱的，很容易造成身体健康的损害和生命的丧失，同时其不可预知性还会造成人们心理上的恐慌。

身体上的伤害显而易见，症状明显，很容易让人察觉到，但是这些突发公共卫生事件带来的心理创伤却需要更多时间观察和诊断，也很容易被忽略。

专家支招 🔊

▶ **对于孩子**

孩子需根据自身实际情况选择适宜的调节方法。首先，症状严重者应及时就诊和接受心理治疗。如果你或你的家人在面对诸如新冠肺炎疫情的突发公共卫生事件时出现了上述症状且比较严重，请及时就诊并根据诊断结果进行相应的心理治疗。如果出行不便或者因疫情防控需要不能出行，还可以拨打心理援助热线，我国在新冠肺炎疫情暴发初期，就已经开通了免费的心理援助热线，在网上也可以查到各地的心理援助热线电话，如有需求，请及时拨打电话寻求帮助。其次，症状较轻者可以尝试如下方法进行自我调节：

（1）从容应对，坚定意志。突发公共卫生事件本就不在我们能掌控的范围之内，恐慌无济于事，从容一点才能有更多的心理空间来容纳这些事件和接收更多的有效信息。坚定自己的求生意志，从容地看待病毒或者死亡并不意味着我们就要放弃生存的希望。恰恰相反，当我们认识到死亡是每个人都无法避免的自然事件时，我们就会更珍惜活着的时间，更好地理解死亡，更好地理解生命的意义，从而产生更坚定的生存意志，并对未来充满希望。

（2）养成运动的好习惯。我们都应该意识到运动的重要性，运动不仅可以帮助我们塑造强健的体魄，增强免疫力，还可以帮助我们释放压力，调节紧张情绪。可以在家进行健美操、舞蹈、瑜伽这样的居家运动，也可以和父母一起进行爬山、徒步这样的户外运动。

（3）坚持阅读。无论何时，我们都需要学习，学习能够让我们的大脑更灵活，思维更活跃。如果居家隔离感到愁闷、无聊、枯燥，打开一本自己感兴趣的书再合适不过了，比如喜欢旅游的人可以在人文风景类书籍中找到心灵的慰藉，还可以阅读一些心理学的书籍对自己的心理状态进行自我调适。家长可以陪伴孩子阅读，和孩子一起探索知识的海洋，也可以通过与孩子进行知识竞赛的方式激发孩子的阅读兴趣。

（4）学会一门新技能。学会一门新技能可以让人体验到成就感和愉悦感，积极的情绪体验有助于人们更好地适应环境，并产生更积极的行为。可以和家人一起尝试一些新鲜、有趣的事物，比如一起学习烹饪新的菜品、制作视频作品、制作手工作品等，以此来进行心态调整。

▶ 对于家长

事实上，不管是在新冠肺炎疫情这种突发公共卫生事件中，还是一些小事故中，家长都最有可能成为孩子最强大的精神支撑。因此，家长一定要关注孩子的情绪变化，倾听孩子的想法，和孩子一起做一些令人愉快的活动，努力缓解整个家庭在这种突发事件中的紧张气氛。此外，营造温馨有爱的家庭氛围是非常重要的，试想一下，疫情居家隔离已经令人愁闷不已了，如果还要应付家人的频繁争吵，那心情是不是会更糟糕？只有家庭和睦，家人互相支持与理解，才能一起解决一个又一个难题。

▶ 对于学校

在疫情期间，为了避免人员流动量过大造成严重的交叉感染，学校可以根据当地的疫情防控政策开展线上教学。后疫情时代逐渐有序恢复线下教学，在这个过程中，学校应当注意的是学生的学习状态和心态还需要一定的恢复期，他们对于线上线下教学形式的转变也有一个适应期，要加强对学生心理状态的关注。此外，学校适当安排一些心理健康课程为学生提供心理健康调适方法也是非常有必要的。

我们对这样的突发公共卫生事件会感到焦虑和恐惧是正常的，可以试着用一些自己常用的情绪调节方法（比如听音乐、运动、追剧、和朋友聊天等）进行自我调节，如果程度比较严重，我们还可以寻求帮助，如可以寻求朋友的帮助、可以寻求心理咨询师的帮助等等。

总之，事件已经发生，我们能做的就是积极应对。未成年人对这样的突发公共卫生事件的心理承受能力还比较弱，对死亡的理解还有所欠缺，因此需要家长对其进行心理疏导，不能放任和放大他们的恐惧心理。

第 2 节

患有抑郁症的我的未来会如何？

杨发辉　洛桑卓玛

案例故事

　　小玲是一个 15 岁的女孩儿，是家里的独生女，成绩优异，乖巧懂事。小玲的父母在她很小的时候就离异了，她跟着母亲生活，父亲和她的关系既不亲密也不是很差。小玲的母亲是个商人，虽然平常工作繁忙，但她一直尽自己的全力给小玲提供优质的生活条件和陪伴，小玲知道母亲的不容易，所以她努力为母亲减少负担。在小学的时候，她就已经开始帮助母亲做家务，周围的街坊邻居都说小玲比同龄的孩子更加早熟和懂事。小玲和母亲的关系很好，平常也会和母亲积极地沟通交流。

　　在一次和亲戚家的孩子玩闹的时候，亲戚家的孩子在和她发生争吵时说她的父母之所以离婚是因为小玲。小玲当时没有表现出很大的反应，但是过了一段时间后，小玲的睡眠质量开始下降，再到后来开始有失眠的症状，她会在床上睁着眼睛思考，她在想是不是真的是因为自己父母才离婚的。这件事令她很苦恼，但是她没有和父母交流。对于父亲，她害怕听到父亲承认自己是他们离婚的原因；对于母亲，她害怕这个问题会伤害母亲。所以她没有勇气向他们寻求答案。

小玲在学校的成绩一直名列前茅，但是因为这件事的影响，她的成绩开始下滑，最后，在小升初考试的时候不出意外地考砸了，没能考上理想的学校，只能去读一个不怎么样的初中。进了初中，她的情况依旧没有好转，甚至变得更差，她开始出现身体颤抖、晕厥等症状，小玲的母亲这才发现小玲病了。小玲被带到医院进行检查，但是医生检查不出器质性的病因。甚至小玲的姥姥觉得小玲是撞上了什么"脏东西"，还去寺庙里给小玲求护身符。小玲的状况依旧不见好转，不仅如此，她还开始实施轻生行为，有一次小玲的母亲在厕所发现了割腕自杀的小玲。小玲的母亲这才觉察到小玲是心理出现了问题，于是她带小玲去看心理医生。最后，诊断结果是小玲患上了抑郁症。

对于小玲的抑郁症，小玲的母亲虽然知道情况不乐观，但是因为她认为自己以前得了产后抑郁症都能好起来，所以坚持认为小玲能撑过来。不定期出现的晕厥导致小玲不能好好上学，医生也建议让小玲在家吃药治疗，等病情好转后再上学，小玲自己也对上学、交朋友失去了兴趣。后来小玲的母亲给她请家教让她在家里学习，所以在初中三年里小玲去学校上课的次数屈指可数，她的朋友也只有邻居家的一个女孩。而在这三年里，小玲的病情得到了好转。

初中三年没能正常上学的小玲，中考成绩不尽如人意，她的母亲建议她考个职业高中，最后小玲听从母亲的建议去了一所职业高中读书。那所职业高中在另一个城市，虽然小玲的母亲不放心她，但是为了未来的发展，她还是让小玲独自去了那所学校。小玲不想让母亲失望，所以她也没有拒绝。后来，小玲在学校实施自伤行为被老师发现，学校的老师在知道小玲有抑郁症后开始劝小玲退学回家治疗。小玲的母亲只能带小玲回家。

回到家后，小玲的母亲又带她去看心理医生，她对小玲的未来充满了担忧，她觉得小玲不能好好念大学的话只能跟着自己经商。她和小玲讨论未来的计划，小玲依旧努力去理解母亲，但是在她们讨论完未来的发展计划后，小玲服药自杀，被送往了医院。

专家解析

　　家庭是青春期孩子成长的首要场所，是影响个体社会化及发展的重要微环境。家庭是个体发展的第一所学校，父母更是孩子的第一任老师，其中，亲子关系作为个体一生中持续时间较长的关系，对孩子的发展的影响最为深远。这个案例中父母双方破裂的关系及父母和孩子之间的亲密关系都有问题，孩子的早熟使其承受着异于同龄人的压力，从而导致孩子的心理健康出现了问题。

　　因为流言蜚语，所以孩子对父母的关系破裂有了错误的认知，陷入了抑郁状态。虽然孩子平时和家长（母亲）有很好的交流，但是孩子一直没和家长交流这个问题，家长也没有观察到孩子的不对劲，最后随着不良情绪的积压，对抑郁心境的处理不到位，孩子最终患上了抑郁症。又因为家长对抑郁症的一知半解，使其对孩子的情况有了错误的判断，觉得孩子能自己好起来。这使得在后续的治疗中，家长没能起到一个良好的作用，而且在孩子的病情没得到好转的情况下，对孩子施加压力，使情况进一步恶化，这是非常危险的。在这种时候家长最应该给予孩子的是无条件的安全感，以及情感支持，孩子未来的发展确实是个大问题，但是在孩子的生命安全面前，所有问题都应该让一步。

除了家，学校是孩子生活和社交的主要场所，在发现学生患有抑郁症后，学校应该做的是努力帮助学生走出病情的困扰，给孩子提供宽松的学习环境，让同学间相互理解和支持，鼓励和肯定孩子，使其逐步建立学习信心、明白人生的意义。

专家支招

▶ **对于小玲**

在心理医生的帮助下改变对父母关系的错误认知，认识到父母离异跟自己没关系，缓解这种自责情绪，并建立自我的情感边界。除此之外，还要认识到向母亲表达自己真实的主观感受并不会伤害母亲。要在良好的社会支持和外界帮助下寻找迷失的自我、探寻真实的自我、重建新的自我。要在学校和家庭共同支持下，提高自己的适应能力。

► **对于家长**

　　避免小玲再度产生自杀行为，给予她物质和情感上的抚慰、无条件的支持和积极关注，给予小玲足够的安全感，积极地与小玲交流，帮助小玲改变对父母关系的错误认知，并助其重建自我控制，重树希望。家长对心理疾病的认识欠缺，使其认识不到问题的严重性。家长应学习相应的心理健康知识，学会与处于自杀危机中的孩子的相处、沟通技巧，和心理咨询师进行良好的配合。家长要对孩子的心理危机足够地重视，没有任何事能比孩子的生命健康和心理健康更重要。

► **对于学校**

　　在发现小玲的自杀倾向的第一时间，学校应该搭建多方协作平台，建立班级、学校的预警系统，及时与小玲的父母联系，协商制定危机处理预案。寻求学校心理咨询师的帮助，必要时寻求专业医院心理医生的帮助。对小玲进行成长辅导，班级内部创设良好的氛围，给予小玲情感上的支持，给小玲一个良好的社交环境。班主任和任课老师应严加防范小玲可能出现的自杀行为，定期找小玲谈心，鼓励小玲把内心的痛苦宣泄出来，释放积聚的不良情绪。

第3节

拉住站在悬崖边的小意

杨发辉　　龙海伦

案例故事

　　初三的小意在自己的房间写好遗书，上面写着："我感觉自己就像站在悬崖边受伤的小鸟，随时准备一头往下坠入风中被揉碎…对不起，爸爸妈妈，这一次我选择坠落了。"他轻轻地将其放在桌子上，拿起提前买好的小刀划向手腕，准备结束自己灰白的人生。十几分钟后，门突然被打开，"嘭"的一声，打破了这一片死寂，只见他爸爸面带惊恐迅速地跑进房间："意意，你为什么要做傻事啊！"痛哭流涕的爸爸用力地抱紧面色苍白的儿子。小意微弱地说："让我走吧，我很……痛苦。"小意被立马送往医院，还好抢救及时，小意暂时脱离了生命危险。但由于其心理上依旧想要了断自己，因此他的父母将他送去进行专业的心理危机干预。

　　小意在干预中告诉自己的心理咨询师："选择走上结束自

己生命的道路，最主要的导火索得从前几个月的中考说起。"

小意在中考前的成绩排名一直都在下滑，他觉得自己很没用。他感觉很有压力，无法接受成绩下降的事实，他担心成绩不好会显得自己很差劲。渐渐地，他的言语变得比以往少，一到晚上，情绪仿佛更加脆弱，负性情绪像黑洞一样不断地吞噬着他，不管他的内心多么努力地去挣脱，深渊总是在夜晚不时露出，他不知道该如何跨过这道深渊。

小意在夜晚经历着悲伤"洗礼"，但早晨的起床闹铃依旧会按时催促他起床，闹钟不仅叫醒了必须被迫努力的一天，也叫醒了他的悲伤。他睁开刺痛的眼睛，不知道是因为前一晚在被子里哭过，还是因为看书看得太久，眼睛无比难受。

他很讨厌这一切，可他无法逃离，也无法简单地向别人表达自己的情绪。同时，小意上课精力也无法集中，对学习的兴趣也渐渐下降。但是他的父母并没有了解到这一点，而是把注意力都放在了成绩的排名上，在中考前几个月他们发现儿子的成绩下滑后，每天给他布置了更多的作业，并且在好几次模拟考后都对小意进行了打骂。他们说："我们希望你可以考上市里排名第一的高中，如果你做不到，你的人生就会比周围的同学落后很多！我们对你的期望就落空了。"小意从小就是听父母话的乖孩子，觉得父母说的都是对的，即使他备感压力，也要努力获得父母的夸奖，他不知道是为了自己去学习，还是为了讨好父母。而在学校，他同样是个乖孩子，听从老师的一切指令。老师经常向学生们灌输成绩的重要性，如果考不上好的高中，那么人生就不能有很大的成就。

中考如期而至，小意一点也没有做好准备，他知道自己考不好，也无法考好，因为他清楚自己是如何浑浑噩噩地度过了这段时间，他的心魔不断折磨着他。他知道等中考成绩一出来，他的人生就彻底昏暗了，因为他根本考不上排名第一的高中，这是他不愿意面对的现实，但现实是客观存在的，他不可能闭目不见。他感到害怕和绝望，害怕面对自己的父母和老师，认为同学也会嘲笑他，他想要逃离一切。中考之后，他几乎每晚都失眠，每晚都是在了结自己的念头中度过的，他会计划以各种方式结束自己的生命，他觉得或许那样才可以让自己解脱。

深夜，他对失败的恐惧总是超过了对死亡的恐惧，他想："在突然告别这个世界后，我的父母会不会更开心？他们不用再为我这个没有任何优点的人操心了。我就是一个罪人，我唯一能做的好事就是了结自己。"而白天，他不再走出房门去和以前的玩伴一起玩耍了，他认为朋友们也瞧不起他，他甚至开始讨厌那些整天嘻嘻哈哈又无忧无虑的朋友们，他忧伤地想着："幸福的人那么多，为什么命运唯独选择了让自己痛苦？"在家里，他要戴上虚伪的"乖孩子"面具去面对父母，隐藏好自己极端痛苦的感受和负性情绪。其实，他的面具底下满是荒芜，他的内心也早已枯萎。

有一天上午，他去超市买菜，走到了卖菜的地方看到旁边有一把刀。他买好菜后，又顺手买了一把刀，他想："就它了。"

回到家，关好自己的卧室门，他觉得是时候了，就这样了结自己吧。于是他写好了遗书，便开始了自己的计划，他想："我一生以苦恼为伴，这破碎的身心早已坠入深渊……"

专家解析

小意的故事反映了未成年人在追求自认为有价值的目标未果时陷入严重负性情绪的表现。

小意虽然表面看起来很正常，但其心理困扰和情绪痛苦深深埋在了心里。他的中考成绩无法达到自己的期望，同时他周围的人也缺少对他进行正确的引导和提供支持，以及他的个人经验无法提供适当的应对技能，从而产生了起反作用的认知模式，最终他无法走出来，便选择了自杀。

当一个人有自杀念头的时候，他会被自我憎恶、绝望和孤独感淹没。实际上，大多数人在选择自杀之前，会犹豫和不断地试探，99%企图自杀的人都曾向外界寻求过一些隐晦的帮助。那么，小意是如何越来越脆弱的：

（1）成绩下滑时，他脑海里第一时间就出现了不认可自己的想法，将自己的成绩下滑归因于自己是无用的、没有能力的，这让他感到更加失望、难过。这样独断的推论使他没有思考其他积极的信息，只关注了负面内容。

（2）当成绩下滑后，他不愿意接受现实，用逃避的策略对待挫折。同时，他从小都在用讨好的策略去对待父母，希望可以由此让父母夸奖自己。可是学习给他带来了很多压力，他不断地失败，父母不断地要求他，他无法再满足父母过高的要求。中考又如期而至，他发现自己一向管用的应对策略不再管用，便出现了认知失调。由于认知失调，他的情绪一直处于低落状态，无处宣泄，行为表现上也渐渐出现问题，开始不断失眠、莫名爱哭泣。

（3）中考失败之后，他彻底对生活失去了信心。此创伤性事件再次强烈地激活了他内心对自己的不满。而由于内心对自己的负性评价，他认为中考失败更加"证明"自己是一个无用的人，只会令父母不开心、老师不满意、同学看不起。他夸大了中考失败这件事，把自己的经验归为一个极端：非常失败，自己的人生没有希望。同时，他所处的环境里缺少支持系统，没有人可以分担他的孤独和绝望。

这些对自我、经验、未来的消极看法及问题应对能力的不足最终压垮了他，使他陷入了绝望和抑郁。他不再爱惜自己，选择伤害自己。

专家支招

自杀，是人们为了逃离生活中难以面对的苦难而做出的极端、消极的行为。如今，大部分学生学习压力都不小，而有一些学生一旦考试失败又没有应对挫折的能力时，就会出现各种心理危机问题，严重的情况就是选择了断自己。因此，我们需要重视学生的心理健康教育，特别是关于自杀自伤的心理危机干预。

▶ **对于小意**

首先，要客观地认识自己，接纳自己的不完美及负性情绪；其次，试着采用灵活的策略去应对生活中的失败，培养自己的成长型思维，认识到失败只是一次痛苦的经历，并不能因此对自己下定义，它只是自己需要面对和解决的问题；最后，积极寻找生命存在的意义，将失败转化为更强的动力，从而进一步努力达成目标。

▶ **对于家长**

首先，家长要识别孩子的自杀倾向，可以在发现孩子不对劲时直接询问他。家长作为孩子最信任的人，这样做可以给孩子表达自己情绪的机会，在得知孩子的想法之后，要不带批判地去回应孩子；其次，家长要给予孩子真诚的尊重、关心、支持，让孩子意识到自己是被人爱的，并不是在孤军奋战，向孩子保证，无论何时，父母永远会帮助他；最后，家长应该注意妥善保管家里的各种具有伤害性的物品，将刀具、药物等放在孩子无法接触的地方。

▶ **对于学校**

首先，学校觉察到小意有心理问题时，应及时和小意的家长联系；其次，学校应及时把小意送到医院评估小意的自杀风险，给予小意专业的心理危机干预，让小意签署"不自杀承诺书"；最后，学校要进一步开展心理健康教育，积极宣传心理健康知识，举办预防自杀讲座，培养学生的抗挫折能力。

▶ **对于社会**

首先，心理卫生工作者应向大众宣传心理健康知识；其次，心理服务机构需给予具有自杀倾向的青少年更多的绿色通道；最后，政府需要构建一个有效帮助青少年的社会心理卫生服务体系，不断完善青少年心理危机干预社会服务模式。

第 4 节
说不出口的烦恼

杨发辉　李亚琪

案例故事

　　小安是初一的学生，平时和爷爷奶奶一起生活，她的父母常年在外工作，不善言辞，只关心她的成绩，很少关心小安的生活。小安给人的第一印象是一位安静温柔的女孩子，学习成绩中等，但是很懂事，也很少让父母操心。

　　小学六年级的时候，周围的女孩子早早穿上了小背心，但是因为小安没有穿，好几个同学嘲笑她奔放，这导致她一度厌学，不想去学校。小安的父母不在家，爷爷奶奶也没想到为孙女买小背心。她的第一件小背心是她自己攒钱鼓起好大勇气去街上的内衣店买的，出来时碰到了班里的同学，当时她的脸又红又烫，好想找个地缝钻进去。

　　初一的时候，小安的胸部已经发育明显了，听同学说，胸长大了就需要穿成人穿的有胸垫的内衣。小安便把这个想法告诉了奶奶，奶奶却责怪小安说："你年纪这么小，就这么臭美了！"小安不知道自己的胸围，也不会量，在内衣店不好意思试穿，就随便买了一件有钢圈的、带厚厚胸垫的成人内衣，她隐约记得妈妈就是穿的这种。但是钢圈经常勒得她喘不过气，

加上大小不合适，肩带还经常掉，有些同学还会开玩笑地解她后面的内衣扣子，她虽然很生气，但是没法表达自己的愤怒，因为同学们说只是玩笑，让她不要介意。

她是班里第一个穿成人内衣的女孩，平时有不少同学起哄，小安每次听到那些不怀好意的玩笑，总是又气愤又羞愧。而小

安也因为胸部越来越大而感到自卑，不敢抬头挺胸走路，她不想让别人注意到自己发育这么早。小安最讨厌体育课，因为要做很多运动，胸部会有明显的疼痛感，很不舒服，胸前也会晃来晃去的，尤其旁边站着的几位男同学会时不时地瞟她一眼，然后发出让人不舒服的惊呼声。她还听到有人偷偷给她起了外号。某天，小安意外听到有同学在拿她打赌，输了的人，要去摸她的胸部，然后告诉大家感受。她感觉自己被当作了一件物品，因为胸部发育而成为别人的笑话，还要成为赌注。那天之后，小安说什么也不愿去上学，连续几天逃课。

得知小安不愿上学，小安的父母心急如焚，连夜赶了回来，怒问她是不是在学校惹事了，无论问什么，她都不说话。老师通过多次的走访，得知小安因为胸部发育而受到同学们的欺凌，产生了心理阴影。

老师向小安介绍了关于青春期心理卫生的知识，向小安说明乳房发育是青少年都要经历的正常生长发育过程，一般而言，女孩乳房开始发育的平均年龄是 9.2 岁，也就是五年级左右，但是实际生活中是有早有晚的，胸部发育的大小很大程度上受遗传因素的影响，无法改变，要学会接纳自己的身体，欣赏自己，遇到他人的伤害时要学会保护自己。老师还帮助她学习如何选购合适的内衣，告诉她其实现在有很多无钢圈内衣，运动的时候也可以穿运动内衣，保护胸部不受伤害，并让她了解到其实很多父母也缺乏相关知识，也不懂得买舒服的内衣，希望小安能把她从老师这里学到的方法分享给自己的妈妈和其他有需要的人。老师跟小安的父母沟通了这件事，跟他们强调要关心孩子的成长，学习固然重要，但是心理健康更重要，同时为小安的父母推荐了性教育书籍和视频，帮助父母和孩子共同学习成长。

这件事也让老师意识到：学生对性知识的了解十分缺乏，不敢正视自身的身体发育、悦纳自己的身体，还会随意开玩笑，伤害他人，破坏同学关系；家长对性教育缺乏了解，重视程度不够，缺乏专业的引导。随后，老师做了很多功课，在家长群中为家长提供了了解正规性教育的途径，并且决定定期为学生开设性教育课堂。

专家解析

　　这是一个典型的因为生长发育而遭受欺凌所引发的青少年心理危机的案例。

　　在本案例故事中，父母认为只要孩子不惹事就没有问题，而且在孩子的日常生活中是缺席的，平时不够关心孩子的日常生活和心理健康，就像本案例中的胸部发育问题，它不仅是一个生理层面的问题，还涉及孩子的心理，应该引起父母足够的重视。另外，当孩子不愿上学时，父母的第一反应是责怪孩子，也说明父母不够重视孩子的心理发展，导致孩子不够信任父母，在遇到欺凌时不愿及时告诉父母寻求帮助。

　　同时，父母的性教育意识不足，没有及时告诉孩子有关性和生长发育的相关知识，以及遇到危险时该如何处理，导致小安不知道如何面对自己的身体变化，变得自卑。同时部分青少年也因为缺乏父母的引导，对他人的身体特征随意开玩笑，不尊重同伴，成为实施欺凌的人。青春期是身体迅速生长发育的关键时期，处理不好就容易引发危机。有很多父母会因为不好意思而不知道如何跟孩子交流有关发育和性的问题，或者认为孩子长大了就懂了，不需要多说，这实际上都是错误的。

在本案例故事中，我们看见，学校在性教育方面也有很多不足。学生生长发育的年龄提前，但是相应的性教育却没有跟上，导致很多青少年对生长发育问题似懂非懂，不能理解和接纳自己的身体发育，还出现了嘲笑、欺凌他人的现象，非常不利于学生的全面发展。学校作为学生社会化的重要场所，应该承担起相应的责任。

很多父母对有关生理现象闭口不谈，认为孩子还小，或者可以无师自通，完全忽视了孩子面临的复杂环境，导致很多孩子在遇到生长发育引起的困扰或问题时，不敢跟父母或者老师沟通，也不了解其他可以寻求帮助的渠道，反而认为是自己的问题，怪罪自己，从而引发心理危机。另外，青春期是青少年自我探索的关键期，这一时期的孩子会格外重视同伴的看法，容易对他人的"异常"开不合理的玩笑，严重的还会欺凌他人，如果这时缺乏及时的教育和引导就会对他人的身心造成严重的伤害。

专家支招 🔊

▶ **对于孩子**

　　首先要认识到身体发育是正常的事情，以坦然、开放的心态学习生理与性知识，了解、尊重同性和异性面临的不同变化；其次，学会欣赏、接纳自己的身体变化，比起他人的评价，更重要的是关注自己的身体感受，健康、自信更可贵；最后，在遇到困惑或者欺凌行为时，及时向信任的老师、长辈或者哥哥姐姐求助，他们也经历过同样的阶段，更有能力给自己提供支持。

▶ **对于家长**

　　家长是关心孩子的。但是家长需要转变观念，对孩子的关注点不应局限在学习问题上，要多关心孩子的心理。当孩子出现问题时，孩子可能是很无助的，家长不要忙着责备，要耐心地和孩子交流，给予孩子关心和信任，尽到监护人的责任。另外，家长也需要主动学习如何跟孩子交流有关身体发育的知识，告诉他们如何保护自己，尊重他人，做到防患于未然，遇到问题时积极主动寻求专业人士的帮助。

▶ 对于学校

学校应认识到性教育的重要性，做好青少年性教育工作，积极开展老师的性教育培训工作，只有老师专业可靠，才能根据学生的需求，开展全面的性教育，给学生提供多种求助渠道，在发现学生出现心理问题时要及时与家长沟通，及时寻求学校心理咨询师的帮助。

对于危机中的青少年，学校进行心理危机干预有几个要点：①要对心理危机产生的原因、维持因素等做全面系统的评估，尤其是这个孩子有没有自伤自杀的意念、计划或者行动。②确立信任、专业、共情理解的关系。只有确立好了关系，孩子愿意敞开心扉，才能有更好的效果。③确保安全。安全是心理危机干预的首要原则，学校和家长都要给予高度重视。但需要注意的是，要外松内紧，不要过度紧张或过度保护，避免给孩子带来更大的伤害和困扰。④在给予孩子支持的情况下，寻找妥善的解决方案，让孩子不是一个人去孤独地面对。很多时候，绝望无助是大多数孩子自杀自伤的重要原因，因此，让孩子内心充满希望和建立对事情的掌控感，是非常重要的一个方面。

第 5 节
身体病痛与心理阴霾

杨发辉　　陈金钰

案例故事

　　小强是一个 11 岁的男孩，父母忙于打理餐馆生意，对小强疏于管教。小强从小就喜欢上蹿下跳、调皮捣蛋，让老师和父母都头疼不已。这一天，小强和班里的男孩们在操场上比赛跳梯子，从上往下跳，看谁有胆量从最高的梯子跳下来。男孩们个个士气高涨，争先恐后要抢第一名。不想事故就发生在一瞬间，小强从梯子跳下来，落地的时候重心不稳，只听"咔"的一声，小强摔倒在地，捂着自己的小腿痛苦地呻吟。

　　经过紧急处理送医检查，小强被诊断为胫骨骨折，需要进行手术治疗，术后还需要两到三个月的时间才能恢复。小强的父母又气又急，担心本来成绩就差的小强再耽搁这么长时间会落得更远。小强的爸爸忍不住发了脾气："叫你调皮，现在摔了，又要耽搁两个月，看你怎么读书！"小强虽然觉得委屈，却也不敢辩驳。

手术时间定在两天后，在这期间小强要进行各项术前检查。冰凉的器械，消毒水混杂药品的气息，患者苍白呆滞的脸，仅仅一天，小强感觉自己好像掉进了一个与世隔绝的空间。在这里，时间似乎过得更缓慢了，疼痛感似乎也被放大了。从白天到夜晚，从清醒到睡着，剧烈的疼痛感挥之不去，小强有时候还会感到麻木，失去知觉。小强的小腿肿得很厉害，鼓得很高，他不知道小腿到底怎么了，感到很害怕，迫切地希望赶紧进行手术，让自己赶快好起来。

然而，手术结束后，小腿并没有像小强预期的那样很快地好起来。巨大的恐惧笼罩在小强的心上，他控制不了自己的焦虑和愤怒，反复跟妈妈说"我的腿为什么还是没有感觉，这些医生怎么搞的，是不是手术没做好"。妈妈安慰他说："不会的，这只是个小手术，医生做过好多次了，不会有问题的。"小强不相信，护士来输液时，又追问护士："我的腿还是很麻，到底什么时候能好？"护士又讲了一遍："只是麻醉的作用还没有消退，这是正常现象，过两个小时就好了。"小强听了这话后就盯着时钟看时间，不时又让妈妈摸一下自己的腿，尝试去感受触觉。直到开始感觉到疼痛，小强才放心。但肿胀和疼痛没有办法消除，身体不能乱动，爸爸妈妈也不让他玩手机，小强只能躺在床上无聊地看着天花板。到了夜里，病房里完全安静下来，小强的疼痛感更清晰了，他稍微抬了一下腿，想缓解一下，但骨折的地方受到摩擦，疼痛感反而更明显了。反反复复，不知道过了多久，小强才睡着。

就这样过了几天，小强既不敢活动，又要忍受疼痛、失眠。更糟糕的是，原本好动的小强，难以适应待在病床上长期不活动，他感觉自己的腿好像有点不听使唤了，麻麻的，很僵硬。小强担心自己的腿可能好不了了，要是从今以后一直这样动也不能动，那多可怕啊。他白天想起这事就后悔不已，要是当时没有去跳梯子就好了，要是自己再小心一点就好了，半夜也老是惊醒，到天亮都睡不着。小强再也不想躺在病床上了，他想要出去呼吸新鲜空气。每天医生来查房，小强总会问医生"我还要住多久才能出院"，医生总说还需要观察几天，又给他进行了术后恢复过程的讲解，希望能够安抚他。但小强并没有平复下来，反而觉得医生很可疑。看到爸爸妈妈窃窃私语，小强总觉得他们是在讨论自己的病情。"难道是我的病情有变化，变严重了吗？""我不能好起来了吗？"小强忍不住东想西想。他越来越挑剔，不是嫌病房太吵就是水太烫或太凉，胃口也越来越不好，什么都吃不下去。

有一天当护士来输液的时候，小强终于爆发了，他拒绝配合，不让护士靠近，一边哭一边喊："这个没有用的，我不输液了，不住医院了，我要回家，我要回家！"医生、护士、父母轮番上阵，劝了好一阵才让小强勉强稳定下来。医生和小强的父母进行了深入的交流，建议他们多关注小强的心理状态。

专家解析

小强的故事反映了人们遇到重大疾病或身体伤害后的正常表现。突如其来的重大创伤会严重摧残人们的心灵，成年人尚且会因此感到痛苦受挫，作为未成年人的小强自然会慌乱无措。腿部遭遇骨折后，小强出现了小腿麻木、肿胀、疼痛的症状，并且由于腿部是人体应用十分频繁的部位，参与了日常生活中绝大部分事项，因此骨折后的小强丧失了自理能力，这会进一步影响其心理状态。同时，小强对于骨折的认知不足，难以判定病情发展和恢复情况，这会影响其对疾病相关事件的处理能力，产生对疾病的不确定感，使心理压力加重。这些问题让小强产生了剧烈的情绪变化。

（1）懊悔。在经受伤痛和心理压力的双重折磨时，小强开始后悔、自责，总是设想"要是我没有……就好了"，这又进一步激发了他的懊悔心情。

（2）孤独感。受伤以后，小强的生活圈变得狭窄，只能待在医院，甚至大多数时候仅仅待在病房，生活环境也发生了很大的变化，周围接触的都是陌生人。这个时候小强产生了一种孤独感，就好像突然之间与世隔绝一般，他很希望离开医院，获得熟人或者熟悉环境的安慰。

（3）过分敏感。小强对外界的声音、光线、温度等容易产生各种不满，比如喝水总是抱怨热了或凉了；他对身体的感觉会更敏感，对心跳、呼吸等都会产生不好的联想，认为自己这样了、那样了，腿不会好了。

（4）疑心。小强见到家人窃窃私语，就认为他们是在讨论自己的病情，不禁会担心自己的情况是不是很严重。他对别人的好言相劝半信半疑，对医生的检查也疑神疑鬼，总认为任何风吹草动都和自己的病情有关。他渴望了解自己的病情，想知道自己的腿是否能医治好，可是又怕听到不好的情况，这导致小强疑心加重，患得患失。

随着时间的推移，小强产生了焦虑、抑郁等负性情绪，严重时甚至会消极应对治疗与护理，影响康复进程。

专家支招

我们知道，疾病和伤痛会让人出现负性情绪，降低心理弹性和治疗配合度，不利于术后康复。因此，我们要重视心理社会因素，尤其是针对还比较缺乏自我调适能力的未成年人，为其提供社会支持，创造良好的治疗环境和氛围，使其能够形成积极的心态，乐观地面对疾病。对于和小强有相似情况的未成年人，我们可以从以下四个方面出发。

▶ 对于小强

小强要主动去了解术后恢复的相关过程，向医生、护士、家人等表达自己的怀疑、担忧和恐惧，相信他们会支持自己；

要接受在配合治疗方面自己需要做出一些改变，伤筋动骨一百天，治疗和恢复都需要过程和耐心；采取更加积极的态度面对病痛，在养伤的同时，做一些转移注意力的事情，比如看想看的电影，参与不需要用腿的活动等。

▶ 对于家长

家长要关心小强的感受，多陪他聊天、打发时间，引导其表达自己的担忧、恐惧等情绪并进行安抚；在生活饮食方面要进行调整，配合治疗，对小强的敏感和挑剔多一点耐心和理解，尽量保障他的基本需要；同时，要主动和医生沟通，了解小强的病情发展和康复情况，并清楚地传达给小强，让他安心。

▶ 对于学校

学校和老师要对小强表达关心，条件允许的话组织老师和同学到医院看望小强，熟悉的同龄人的陪伴对小强的情绪稳定大有裨益；同时，对于小强因病耽误的学业进度，老师要帮助其做好跟上进度的前期准备。

► **对于医院**

医护人员要尽量理解小强的心情，从各方面关心体贴他，主动与他交谈，帮助他克服心理障碍；同时，要做好基础护理工作，尽量满足他的生理、心理需要，最大程度地减少他的痛苦；要对小强遵医嘱的行为表达肯定，鼓励他调整好心态。

第6节
难解的心结

杨发辉　　刘　杰

案例故事

　　睿睿是个 15 岁的男孩，家住某小县城，是家里的独生子。睿睿的爸爸妈妈在外打工，他从小跟着爷爷奶奶在农村生活，上初中时才到城里读书。睿睿从小就是家长眼中的乖孩子，长得高高瘦瘦的，留着学生头，也很懂礼貌。在去城里读书之前，他的成绩在班里一直名列前茅，去城里读书之后学习成绩虽有下降，但还是能稳定在中上水平。虽然睿睿的爸爸妈妈都在外面，但是对睿睿的学习成绩十分关心。他们隔三岔五就会打电话回来询问睿睿的学习情况，如果知道睿睿学习成绩下滑严重就会进行严厉的批评，并以不准睿睿玩手机等方式来惩罚他。

　　但是情况在初二这一年发生了变化，老师向睿睿的爸爸妈妈反映，睿睿经常沉浸在自己的世界里，老师上课向他提问，他总是要愣好几秒才吞吞吐吐地回答，做课间操的时候也跟不上同学们的节奏，无精打采的。平时下课的时候，别的同学都跑出去玩闹放松，只有他一个人趴在桌子上不愿意出去。他周边的同学向老师反映，他不愿意和同学沟通，学习成绩也明显下滑。

对于这种情况，老师不止一次给睿睿的爸爸妈妈打电话向他们描述睿睿的近况，每次他爸爸妈妈听到这种事都很气愤，都会打电话回去责怪睿睿为什么不听话、不珍惜现在这么好的学习机会。老师还会劝睿睿的爸爸妈妈冷静一点，不要责怪孩子，可能他遇到了什么心事，希望他们好好和孩子交流一下，并表明自己也会帮忙在平时多注意睿睿的情况并及时和他们沟通。

过了大概 3 个月，在老师的帮助下，睿睿的情况有了较好的改变，学习成绩也提高了一些，只不过还是有同学反映睿睿不怎么和同学沟通，同学找他借文具或询问练习题他也不予理睬。有的同学还反映他经常在朋友圈发一些哀伤消极的话。但是由于睿睿表面情况有所好转，老师并没有再过多地关注睿睿的这些行为，认为孩子处在青春期有点自闭和性格内向是正常的。他的爸爸妈妈也因为睿睿的成绩提高了，没有过多地追问他最近的学习状况。

到了初三，班上很多男生开始长个子，以前小小弱弱的男孩子都长成了一米八左右的"男子汉"，可是睿睿却没有什么变化，以前一米七的身高在同班男孩子中属于高个子，现在在同班男孩子中身高就不占优势了。在初三的第一个学期，睿睿之前的症状又开始出现了，并且还有恶化的趋势。睿睿的情绪很不稳定，有时会跟同学有说有笑的，时不时还会自嘲一下说自己真没用，周围的同学还因为这件事感到开心，但是有时他突然就低沉了下去，一扫脸上的笑意，变得苦闷。他常常沉浸在自己的世界里，有时上课会盯着窗外发呆很久，同学问他，他就说自己在想事情，具体什么事情他也不说。最可怕的是，他会时不时用圆珠笔戳自己的手臂，同学发现了，他就辩解是因为好玩。

在临近中考的时候，天气闷热，很多同学都穿着短袖短裤，只有睿睿还穿着黑色的长裤长袖，十分反常。在5月的一节数学课上，周围的同学发现睿睿没听讲，好像趴在后排的桌子上抽泣，就询问他怎么了。他也不回应，直到在他旁边的同学看到地上的鲜血，才发现睿睿正在用美工刀划自己的小臂，已经有很长一道口子，地上的血就是从他手臂上滴下来的。同学大惊失色，连忙叫老师，老师过来掀起睿睿的长袖，才发现他手臂上有十几道伤痕，老师和同学急忙把睿睿送去医务室进行治疗。

睿睿的班主任知道了这件事后也马上跑了过去，并联系了睿睿的爸爸妈妈，告知他们具体的情况。睿睿的爸爸妈妈十分震惊和痛心，准备停掉手中的工作马上回来看睿睿。

专家解析

1. 这个孩子已经出现了明显的自残自伤行为（划伤手臂），这是青少年众多非自杀性自伤行为（Non-suicidal Self-injury，NSSI）中最典型的一种

这种行为有严重的危害，极端的会引发死亡或身体伤残，也会对青少年群体产生负面影响，严重危害他们的身心健康。广义的非自杀性自伤行为既包括对身体的直接损害，如拽毛发、烫伤和划伤皮肤等，也包括酗酒、药物滥用等间接伤害行为；而狭义的非自杀性自伤行为则指无自杀目的的自我伤

害，包括对四肢和头的抓、咬、撞击等伤害行为（温宇娇，2020）。美国《精神障碍诊断与统计手册》第5版（DSM-V）中已将非自杀性自伤行为作为一种独立的临床障碍进行研究。

2. 青少年非自杀性自伤行为的特点和时间

非自杀性自伤行为发生的高风险期在青春期，研究表明，非自杀性自伤常见于青春早期，平均年龄在13岁。Zetterqvist等人研究发现，不同国家青少年非自杀性自伤行为首发年龄在12～15.2岁。Keith发表在《柳叶刀》的一篇文章指出，在西方国家，约10%的青少年报告有过非自杀性自伤行为。因此，青春早期的非自杀性自伤行为可作为首发精神疾病的行为标志（温宇娇，2020）。首先，普遍的研究表明非自杀性自伤行为发生有性别差异，且青少年是这种行为的高发群体。其次国内的检出率普遍高于国外，这可能与中国的文化因素有关，中国的青少年面临着更多的来自家庭、学校和社会的道德压力与行为束缚，更容易出现心理问题。

3. 青少年自伤自残的原因

由于其病理机制尚不明确，针对其病因的有效治疗策略尚处于研究阶段，大致可以从下面两方面来解释。

一方面是早期创伤经验的影响。早期创伤经验主要包括受虐待、受忽视、经历重要他人丧失或分离等，受关注最多的是受虐待和受忽视。有研究发现，高达79%的自伤者报告有过童年期受虐待或受忽视的经历（Yates,Carlson,Egeland,2008）。本案例中的男孩睿睿，父母长期在外打工，平时对他关心较少，祖父母与他的沟通也比较少。在学校因为性格较为内向，他没能在新的学习环境中形成良好的人际关系，成绩与原来相比有较大落差，得不到老师的关注，受到了忽视。

另一方面与个体自身因素有关。首先，睿睿自身没有良好的消极情绪管理能力。情感调节模型表明，非自杀性自伤行为是一种缓解急性负面影响或情感唤醒的策略。对自伤者而言，该行为是为了让自己的负面情绪得到控制，缺少有效的情绪应对策略是自伤行为发生的重要原因之一。Linehan提出，早期的不良环境可能使人们习得应对负面情绪的失败策略。来自不良环境和具有情绪不稳定倾向的个体，其管理情绪的能力较差，因此很容易将自伤作为一种消极的情感调节策略。其次，在负面情绪影响下，自身的冲动控制能力较差。研究发现，自伤者从考虑到正式实施自伤行为的时间间隔通常不到 5 分钟（Nock&Prinstein,2005；郑莺,2006），且常伴有其他冲动性行为。最后，与神经生物学因素有关。与自伤有关的神经生物学因素包括内源性阿片肽、5-羟色胺、多巴胺系统、下丘脑-垂体-肾上腺轴等，其中起关键作用的是内源性阿片肽（Sher,Stanley,2009），原因是它可能和自伤的一种病理性体验——无痛感——密切相关。无痛感自伤者的病理性程度更高，其抑郁、焦虑、愤怒、混乱、分离体验等症状水平也都明显高于有痛感自伤者（Russ,Campbel,Kakuma,Harrison, Zanine,1999）。

专家支招 🔊

▶ **对于孩子**

了解并认识自己，找到发泄负面情绪的正确方法，当觉得难受时，应向父母、老师表达感受或找朋友倾诉，寻求慰藉，树立积极正确的价值观、人生观，获得自我效能感，寻求自我价值。

▶ **对于家长**

家长应该积极关注孩子的反常行为，当孩子情绪低落时及时沟通安慰，无条件关心和真诚一致地对待孩子，在陪伴孩子的同时注意培养孩子抗挫折、勇于表达的能力和积极的心态。如果孩子出现自伤自残行为必须予以重视，及时送医。

▶ **对于学校**

首先，学校应该有针对紧急危机事件的处理方案，把对学生的伤害最小化。其次，学校应对学生进行心理危机排查，并开展认识和管理情绪的相关积极心理课程，对于一些危险话题，如校园霸凌、学习压力、人际交往和同辈模仿等，要及时给予关注，防患于未然。最后，学校应落实立德树人根本任务，帮助学生形成正确的自我概念，呵护学生健康成长。

▶ **其他治疗方案**

针对已经出现非自杀性自伤行为的孩子可以考虑从以下几方面进行治疗：

（1）心理治疗。心理治疗主要包括认知行为治疗、辩证行为治疗、人际心理治疗、心理音乐治疗、支持性心理治疗、自我控制治疗、情绪调节团体治疗、动力学心理治疗、移情焦点治疗、联合心理治疗等。不同的治疗方式具有不同的效果，具体要根据来访者的意愿和家庭情况进行选择。

（2）药物治疗。非自杀性自伤行为是精神科常见行为问题之一，与心境障碍、孤独谱系障碍、边缘型人格障碍等多种精神障碍相关，青少年非自杀性自伤行为是将来发生精神障碍的行为标志、风险因素。一些临床研究结果表明，阿立哌唑、奥氮平、氟西汀、文拉法辛等药物在降低非自杀性自伤行为的发生率和频率上有显著效果。

（3）物理治疗。非自杀性自伤行为的物理治疗方法主要包括电休克治疗、电针治疗、迷走神经治疗、重复经颅磁刺激和深部脑刺激治疗等。

第 7 节
人际关系失调导致的自杀危机干预

杨发辉　　陈峙虎

案例故事

　　小芳是一个 13 岁的孩子，在某县城读初二，父母在外打工，平时由外婆外公照顾。初中开始，小芳因长得较胖、外表不太好看、性格内向孤僻，受到了班级同学的排挤、孤立。

　　同学们看见她就像见了鬼：如果走在路上迎面碰到，他们要么立刻转身飞奔回去，要么做出很厌恶的表情；如果课上哪个男生和她一起被老师点名，这个男生一定会被班上其他男生嘲笑。甚至有人直接在她的座位旁扔垃圾，偷偷换坏的椅子给她，在她的号码牌上打叉叉……

　　她每天都过得小心翼翼，每天一个人活动，做事避开男生，甚至陷入了抑郁心境，感觉每天都是黑色的，害怕去学校，一到学校就拼命学习。当时她已经有点麻木了，也自觉低人一等，活该得到这种待遇。因为被孤立，她慢慢变得孤僻，心理也出现了问题，只能靠自己硬生生扛过去，所有人都不知道她曾想过自杀、退学，自残自虐也时有发生。老师发现她经常在上课时打瞌睡，找她谈了几次心后，发现她的学习动机变得低下。老师也看出了她的焦虑不安和想要变好的无助、无力感。

从小被家里人教育要懂事的孩子，长大后却经常因为处事软弱、不会发脾气而被欺负。小芳从小就特别擅长讨好大人。有次她姑妈烫了头发，乐滋滋地回来问好不好看，当时正在玩游戏的表弟漫不经心地瞟了一眼说："不好看。"而她，认真地看了一会儿姑妈，然后很诚恳地说："姑妈，我觉得你现在好漂亮，和电视里面的明星一样。"当时她才小学四年级。她从来没有违背过大人的意愿，从来都是乖巧地坐在一边，就连哭都只是默默地掉几滴眼泪。小时候，她去别人家做客，家长不点头她绝对不会碰别人家的一饮一食。邻居小孩来家里吃饭，大口大口地吃鱼肉，她只吃寥寥几口，就再也不肯多吃。然后自己跑去后面的院子里哭，因为她觉得心疼，鱼肉是平时妈妈舍不得吃的。直到现在，她都不知道怎样学会"不懂事"。当时她是所有孩子学习的榜样，但是在最应该肆无忌惮的年纪她却活得谨小慎微。懂事的孩子有与其年纪不符的成熟和稳重，代价往往是牺牲任性的权利与天真的童心。

　　小时候，有一次她自己存钱买了一个心心念念的玩具，和表哥一起玩，不小心打到了表哥的手。表哥"哇"地一声就哭了，听到哭声后，舅妈立马冲了过来，一把拧起她的衣领，冲她大吼，然后，转身就把她的玩具给摔烂了。她被吓傻了，表哥一直在哭，但他的手并没有事。爸妈安慰表哥，给表哥做好吃的，而她，被骂了一天。那一刻，她的童年就结束了，她的所有快乐和那个摔得粉碎的玩具一起被埋进了心底。

专家解析

　　通过案例可以看出，小芳不是坏孩子，但由于缺乏适当的引导和教育，她无法与同学建立良好的关系，让她越发缺乏自信。

　　小时候摔跤，总要看看周围有没有人，有就哭，没有就爬起来；长大后，遇到不开心的事，也要看看周围有没有人，有就"爬"起来，没有就哭。小孩子就应该想哭就哭、想笑就笑，好奇了就去探索，喜欢就大胆去争取，不怕出错，敢于坚持自己的主张，不必小心翼翼讨好大人，伪装自己。

其实，小孩子的"懂事"，就是他们照顾大人的方式：不争不抢，不哭不闹，不给大人添麻烦。可是，一些麻木的大人却把这些孩子的"懂事"当成了理所当然的事，忽略他们内心的脆弱，无视他们偶尔流露的孩子气的任性要求，扼杀他们敢想又不敢求的愿望，不懂他们想要靠近却又举步维艰的踌躇。原来，有这么多被"懂事"这个词绑架的孩子。

大人们总是一遍遍地说"懂事才是好孩子"，好像学会像成年人那样去思考是好孩子必备的技能。成熟懂事固然是一件好事，只是很多大人忘了，这个世界上除了成熟和懂事，还有两个词叫作"委屈"和"不快乐"。而与年龄不相称的成熟懂事，往往就是与"委屈"和"不快乐"的经历联系在一起的。每个人都有自己的童年，却不是每个人都有"嘴里的零食，手里的漫画，心里初恋的童年"；更多的人，拥有的只是"耳边的教训，手里的习题，心里委屈的童年"。懂事的孩子只是适应了应该表现得成熟的环境，习惯了他人充满误解的眼光罢了。懂事的孩子，也只是个孩子。

父母就是孩子通向社会的演练场，如果在父母面前，孩子都畏首畏尾、谨小慎微，不敢出一丁点儿错，那在社会中，他们很难自信独立。对小孩来讲，最珍贵的是给他一个理想的环境，让他变成他自己，而不是变成我们要他变成的人。真正重要的是让他会吃糖也会要糖，能独立战斗也有人依靠，会照顾他人也善待自己，能换位思考也坚持内心。本案例中的小芳应该学会如何正确面对冲突，不能总是忍气吞声、受人欺负。

小芳的故事反映了被孤立排挤导致的常见问题：

（1）回避人际交往。由于没有掌握正确的沟通方式，小芳长期得不到人际关系的积极反馈，存在不良的归因倾向。小芳在与同学交往时，常常会采取回避的措施，不敢表达自己的愤怒和不满情绪。

（2）无望感。由于生理年龄偏低，还在上初中的小芳大脑发育还未成熟，心智成熟度也偏低，应对方式偏消极，需要进一步引导，找到生命的意义。

（3）自卑和抑郁。由于常常得不到父母的关心和陪伴，小芳常常表现得孤僻、警惕和很强的防御性，更易受到同学的孤立和排挤。在学校较为孤独、成绩并不理想，这导致小芳可能存在严重的情绪问题，如焦虑、痛苦、自卑，小芳可能会通过自伤自杀等方式来应对、回避负面情绪。

专家支招 🔔

▶ **对于小芳**

（1）摆正心态，千万不要慌。不要自乱阵脚、东想西想，很多时候本来没什么大事，但是如果自己东想西想就容易出问题。要保持冷静，不要被表面一时迷了眼，要知道问题的本质在哪里。假如真的是自身的问题，那该改就改，这没什么。假如不是，大可不必在意别人的眼光，坚持自己正确的做法。

（2）做到自信大方。要记得一点，自己不能和所有人都成为朋友，同时也不是所有人都能和自己成为朋友。每个人的喜好和性格都有差异，不能做朋友不代表你自身价值低，只是不适合而已，所以要摆正心态，总会有合适的同学做朋友，不能为了一份表面光鲜的友谊把自己摆在一个很不平等的地位。要知道，即使自己可以为一个人低到尘埃里，也不会有人想和一个永远在尘埃里的人当朋友。

（3）认识到自身的优势。要知道自己和同学是平等的。自己不比他们差什么，成绩差了就努力学习，能力不足就想办法锻炼、提高，要知道，在灵魂上，在人类的本质核心上，自己和他们是一样的，自己和他们有相同的权利。找到并发掘自己的兴趣爱好，是建立友谊的必要步骤，友谊是相互吸引和彼此欣赏的结果，不是刻意追求来的。

（4）转变自己的思维。"这件事为什么偏偏发生在我身上？""为什么别人都可以跟他们玩，就是不跟我玩？""我到底怎么了，他们要这样对我？"停，把这些想法换成"这件事教会我什么？""我可以从这件事中学到什么？"情况可能很糟糕，但只要自己换个角度去思考，心态可能就会大不一样。

（5）注重提升自己的能力。别人对自己的态度和看法不能决定自己会成为怎样的人，认清自身所处阶段和最重要的事情是很重要的。人际关系的改善是一个长期、系

统的工程，保持心态稳定、不急不躁地提升自我，优秀的

人自然会得到老师和同学更多的青睐。

（6）划定人际边界。假如别人对自己做了过分的事情，

不管多大的事情，都要立即告诉老师和父母。不要想着息

事宁人，要摆出必要的底线，否则别人会越来越过分，变

本加厉地伤害你。要让别人知道自己的底线在哪里，划出

安全的社交范围，这样对方心里也会有数，自己的利益也

会得到很好的保障。学会拒绝是划定人际边界的第一步。

▶ 对于学校

老师应该及时与小芳沟通，在课堂上多注意小芳的学

习，给予她积极关注和照顾，多鼓励、多表扬，建构并增

强周围的支持系统，试着帮助她与家人、朋友、信任的人

谈论自己的苦恼。同时定期开展以下活动：

（1）积极开展心理健康教育课程及专题讲座，普及心

理学和心理健康知识，使学生了解自己、接纳自己、喜爱

自己、相信自己，形成良好的心理状态，并掌握调整自己

情绪状态和行为的基本方法与技巧。

（2）学校应通过个体和团体心理辅导、心理援助热线、朋辈心理咨询等途径，指导学生在遇到自己处理不了的心理问题时，主动寻求心理咨询师的帮助，及时调整心态。

（3）学校要开展生命教育，使全校师生树立正确的生死观。生命教育是以教育手段倡导认识生命、珍惜生命、尊重生命、爱护生命、享受生命、超越生命的一种提升生命质量、获得生命价值的教育活动。学校不仅要对学生，更要对全体教师进行生命教育，使全校形成尊重生命的氛围，减少危机事件的发生。

第 8 节
蜜糖陷阱

郑汉峰　　唐德剑

案例故事

　　小昕是一个 17 岁的女孩，家住某县城，为家中长女，还有一个妹妹和弟弟。作为长女，其从小便被父母寄予厚望，希望其早日成才，帮助减少家中负担。因此，小昕从小就努力学习，成绩优异，深得老师的认可和喜爱，一直都属于亲戚眼里"别人家的孩子"的类型，父母也引以为傲。

　　可情况从小昕上高二开始逐渐发生了变化，其在学校学习压力太大，但因家中兄弟姊妹较多，父母考虑其一贯懂事的表现，便将注意力转移到了其余孩子身上，这让小昕感到被父母忽视和不被家人理解。恰在此时，班上有位男生注意到了小昕，该男生学习成绩较差，但在班上人缘极好，他察觉到了小昕近期的情绪变化，便对其展开了猛烈的追求。小昕自己内心也希望建立一段能理解和陪伴自己的关系，在同学的起哄下，便接

受了该男生的追求。

在这段关系建立之初，小昕与那个男生也有过一段美好的回忆，但事情在几个月前发生了变化，小昕逐渐感到该男生对自己的控制，以及毫无边界感的关心（该男生常在凌晨打来电话）。这段关系开始让小昕感到心累，并且在这期间，小昕的成绩也出现了明显的下滑，每次回到家中，小昕看见父母拿着成绩单时失望的眼神便心如刀绞。因此，小昕在两个月前与该男生提出了分手，该男生虽然口头上答应，但出于报复心理便对其他同学说，小昕已经与他有了拥抱、亲吻等亲密接触，甚至会故意在小昕路过时大声诉说这些。小昕对此感到无所适从，甚至开始对学校和自己的班级感到恐惧，总觉得同学会在背后讨论她的"丑事"。小昕也想过将上述情况告诉家长和老师，但出于对父母的愧疚感及自己的羞耻感，便一直将此事埋藏于心中。

从此之后，小昕的情绪日益低落，对学校的恐惧和对学习的厌烦也日渐加深，成绩自然一落千丈。小昕开始在情绪糟糕时采用小刀划伤手臂的方式缓解情绪，月考前一天，小昕再次被该男生言语骚扰，导致在考试中发挥较差，未取得理想成绩。小昕认为自己是家中的累赘，难以给弟弟妹妹们起到榜样的作用，因此想要结束自己的生命。她于晚自习放学后在回家的路上想要跳桥，被同学看见后通知其母亲将其劝下。回到家后，母亲询问了小昕最近所发生的事情，得知其遭遇后又气又急，也因自己对小昕这段时间的忽视感到后悔不已。在征求老师意见后，小昕随同母亲到医院进行药物及心理治疗。

专家解析

在养育子女的过程中，父母以成绩为导向的外在评价体系，容易导致孩子形成目的手段化的心理特点。而所谓的目的手段化，就是原本作为某种目的的东西变成了手段。比如小明喜欢打乒乓球，作为一种爱好，经常去打球，他觉得很快乐，而且球技也不错。打乒乓球就是为了打乒乓球，是一种目的。突然有一天，他被推荐去参加比赛，他感到很紧张、焦虑，担心万一输了怎么办，于是每天刻苦练习，一天打 18 小时，还请了教练指导，慢慢地他就不喜欢打乒乓球了。打乒乓球这项活动本身成了拿成绩的手段。而本案例中小昕就是在父母"成绩即一切"的教育理念下，将学习目的手段化，并逐渐将结果与其自尊体系相连，成绩成了有无价值的直接体现。小昕在成绩下降后自我认可度大幅降低，开始有了明显的生活空虚感和无价值感。

本案例还映射了中学生早恋的议题。如果不能处理好早恋带来的问题，有时就会如案例故事中的小昕一样造成严重的危机。从中学生早恋问题的各种情况来看，早恋通常有下列 4 种特点：

（1）朦胧性：青少年对于早恋发展的结局并不明确，早恋的青少年仅仅是渴望与异性单独接触，而对未来组建家庭、处理恋爱和学业之间的关系、区别友谊和爱情等问题都缺乏明确的认识。

（2）矛盾性：早恋的青少年内心充满了矛盾，既想和喜欢的异性接触，又害怕被父母发现，可以说早恋的过程中愉快和痛苦是并存的。对于暗恋的早恋者而言，这种矛盾性还表现在是否向爱慕者宣示爱意（表白）。

（3）变异性：爱情是充满变化、极不稳定的，因为青少年往往欠缺处理人际关系的技巧及经验，导致双方缺乏互信，关系一般都难以持久。正因如此，常常给双方的心理造成痛苦。比如案例故事中的小昕与"男友"之间就缺乏信任和沟通的基础，导致出现了被伤害的情况。

（4）差异性：青少年的早恋行为有明显的差异。在行为方式上，有的极其隐蔽，他们通过书信、电话或者网络等传递感情，进行秘密的私下沟通和感情交流，家长和老师难以发现，但也有青少年会公开他们的关系，在许多场合出双入对。

专家支招

▶ 对于孩子

第一，一定要明白喜欢一个人是很正常的，不要对自己的自然情感有犯罪感。对异性有好感，就如树要发芽、长枝、开花、结果一样正常。第二，不要不加选择地表达情感。珍爱自己，让自己的情感在最合适的时候赢得真正属于它的精彩。第三，不要做出违反学生行为规范的事情。花儿开得过早，会提前凋零，结不出饱满的果实。

同时，要努力做到"三要"：一是要尊重自己的情感，不要随意滥用；二是要尊重自己和他人，不要做出伤害自己和他人的行为；三是要慎重平衡学业和情感的关系，"只有翅膀上去掉了枷锁的鸟儿，才会飞得更高"。

▶ 对于家长

一定要牢记三条原则：一是要理解并尊重孩子的情感变化，不要给孩子扣上各种消极的帽子；二是要积极陪伴孩子青春期的独特阶段，给孩子必要的人生指导，而不是打骂和威胁；三是要记得父母永远是孩子最坚强的后盾，帮助孩子协调处理好青春期的种种困难和烦恼。

家长们还应当做到"三不要"：不要把孩子对异性有好感当成洪水猛兽；不要把早恋等同于道德败坏；千万不要忘记自己也有过青春萌动的时光。

▶ **对于学校**

（1）引导男女同学正常交往。学生内受性萌动的刺激，外受社会风尚的影响，喜欢交友，重视友谊，男女同学喜欢在一起踏青、谈心、过生日，渴望交上知心朋友，可以互相倾吐内心的烦恼，取得真诚的理解，寻找心灵的慰藉，共同探讨人生的奥秘，解决学习中的疑难。男女同学之间的这种正常交往是一种纯洁的友谊，只要加以正确引导，对学生心理的稳定和人格的完善有着不可估量的积极作用。这种可贵的友谊应该小心呵护、大力倡导。

（2）分析学生早恋中存在的问题，让其具备对早恋的准确认识，自觉产生免疫力。学生的早恋往往情感强烈，认识模糊。学生早恋的原因往往极其简单，没有牢固的思想基础，比如：有的是受对异性的好奇心、神秘感的驱使；有的是以貌取人，为对方的外表风度所吸引；有的是羡慕对方的知识和才能；有的是偶遇后对对方产生好感；等等。他们没有认识到思想感情一致才是真正爱情的基础，观念、信念、情操、行为习惯及经济条件是否相当，才是决定爱情能否成功的最主要因素。中学生思想未定型，他们不可能对这些复杂的因素有科学、深刻的思考，也不可能真正了解自己和对方在这些方面是否真正一致。中学生早恋好比驶入大海的没有罗盘、没有舵的航船，随时隐伏着触礁沉没的危险。学校的老师在教育学生时应坚持以下原则：第一要为学生保守秘密；第二要为孩子提供可靠的情感支持；第三是开展有意义的相关活动，引导学生理智认识、处理情感问题。同时，老师们应当遵守的"三不要"原则是：第一不要过度营造早恋可怕的神秘紧张氛围；第二不要到处传播学生的个人信息；第三不要伤害、诋毁学生的个人情感。

第9节
我应该怎样面对孤独

郑汉峰　代　硕

案例故事

　　小风，男，目前在某城市就读初三，家里有四口人，爸爸、妈妈、妹妹和他自己。妈妈之前是公司白领，目前全职在家照顾家庭和孩子，爸爸在某高校工作，妹妹刚刚上幼儿园。

　　在小风幼年时，主要是由妈妈带，妈妈下班之后一有时间就辅导他的功课。父母都对他有很高的期待，爸爸因工作忙而与小风交流较少，但是他和小风妈妈一样很重视小风的成绩。

　　妈妈对小风的教育非常看重，认为爸爸就是孩子很好的榜样，在小学低年级阶段小风的表现也让妈妈比较满意，因为那时他乖巧听话，父母的要求都很努力地完成。也是在那个时候，家里逐渐养成了父母主动说教安排的教育模式。

　　在小风五年级的时候，家里发生了很多事情，妈妈怀孕了，同时还要给小风选择中学，妈妈很着急，于是给小风报了很多冲刺班，在各种努力之下，小风的重点初中名额有了着落。在小风六年级的时候，妹妹出生了。

带着迎接新生命的喜悦和小风顺利考上重点初中的开心，虽然四口之家的生活压力变大了，但是大家都在很努力地坚持。

只是在相处过程中，妹妹因为刚出生需要很多照顾，妈妈将更多的注意力转移到了妹妹身上，与小风的交流互动时间相应变少，对小风的关注更多地放在了考试成绩上。在小学毕业的那个暑假里，小风有很多次想要找妈妈聊天，只是看到妈妈照顾妹妹、看到妈妈为了家庭如此辛苦，他感觉很心疼，希望妈妈能有多一点的时间休息，于是就放弃找妈妈谈谈。

上了初中以后，由于小风的小升初成绩比较优异，所以小风被分到了一个同学们都比较优秀的班级。在这样的环境里，小风还没掌握和同学们建立关系的方法，就被鼓励要好好学习。小风尝试集中注意力学习，但是在家里没有得到关怀和在学校里暂时找不到知心朋友带来的孤独感总是会在他学习的时候冒出来，不断地产生影响。

同时，在学业上，小风发现自己虽然很努力，但是有些时候仍无法在班级里获得一个很好的名次。妈妈因为要照顾妹妹，也很难抽出时间仔细听小风诉说苦恼和困惑，只是在小风月考、期末考试后，针对考试成绩表达自己的不满和对小风的要求。慢慢地，小风更加感觉这个世界上没人在意自己的感受，也不会有人看见自己的努力和辛苦。于是，他变得更加不爱说话，总是在班级里默默无闻，也错失了在班级里认识新朋友的机会。

最开始父母没觉得有什么影响，最多觉得孩子可能就是内向了一些，被动了一些，年龄再大一些就好了。连小风自己也如此认为。

随着青春期的到来，即使自卑内向的小风也开始有了对友情的向往。但是之前确实没有社交方面的经验，于是在体验到几次笨拙的尝试的失败之后，小风对在学校里拥有朋友这件事失去了期待，也慢慢觉得学校里不会有人理解和在意自己。

伴随着心情的波动，小风的成绩也变得很不稳定，这样的成绩加上父母的不理解，以及在学校里体验到的孤独感，加重了小风的烦躁不安。在成绩波动如此巨大的情况下，爸爸终于在工作之余来关心小风的情况，但是因爸爸没有什么和小风聊天、相处的经验，在关心的过程中反而让小风觉得是自己的学习成绩让爸爸不满意了，更加自卑与自责，觉得自己是最没用的人，觉得自己的父母如果以后只和妹妹一起生活会更好，妹妹会比他更有出息。

终于在初三上学期期末考试失利之后，回到家里又被父母要求要更加努力学习的那天深夜，小风在烦躁不安、自罪自责、自卑又无奈中出现了第一次自伤行为。这样的自伤行为一直持续到春节期间才被父母意外发现。父母既心疼又难过，担心自己的孩子出了心理问题，开始带着小风去医院就诊。

专家解析

在养育子女的过程中，父母对自己人生的期待，有时候会投射到对孩子的教养环境里，以至于可能在不知不觉中给孩子提了很多要求。这种教养方式会给孩子带来无形的压力，同时如果孩子的努力没有机会被家人或者其他人看到，这种忽视也可能降低孩子的自信，容易使孩子自我贬低。当这种自我贬低被很多次重复之后也会成为孩子看待自己的固定方式，孩子会认为自己就是不够优秀，就是远达不到父母和其他人的期待，也不值得被好好对待。

目前教育环境的现状也容易让学生和家长产生焦虑情绪，这种情绪有时候会覆盖家庭中原有的一些温馨时刻，家庭氛围也变得沉闷或者沉默，很多家庭活动都为了学习成绩而让步，这种对学习成绩过于重视的方式也会无形中增加孩子的学习压力，并使父母对孩子的学习成绩过度在意，这种压力和在意对孩子的心理发展来说是不利的，"重成绩而轻个人"的方式也不符合孩子对自我和家庭的期待。

青春期的孩子总会面临着身体快速发育和心理稳步发育的矛盾，也就是我们俗话说的"小大人"，看身高已经很高了，但是心理发展还处在较天真的状态。在国家鼓励生育政策的号召下，很多家庭都迎来了新生命，父母照料新生命的时候自然顾不上去照看其他的孩子，有时候忽略也会加深这种矛盾，无形之中影响了本可以成为家庭支持资源的家庭关系，家庭关系的发展受限也可能引起一系列的心理问题。

青少年时期是发展同伴关系最重要的阶段，而同伴认可对孩子的心理发育至关重要。孩子在面临新环境时，经常会难以适应或者没能找到合适的方式去适应，这种时候就容易感到自己没有被接纳，或者认为自己无法融入群体。青春期较为敏感的特质也容易让孩子认为是自己没有价值才没有被接纳，产生自己不够好或者自己不值得的自我认知，进而产生自卑心理，阻碍心理健康发展。

专家支招 💡))

▶ **对于孩子**

　　孩子需要在专业心理工作者的帮助下发现属于自己的优势和资源，找到自我期待与父母对自己的期待，在寻找期待的过程中去比较各种期待的不同。

　　孩子也可以在寻找资源的过程中看到父母的爱与支持是如何带来好的影响和不好的影响的，从而找到更符合自己期待的生活方式。期待的生活方式有机会被找到、被看见，可以增强孩子的自信心与自我效能感，从而帮助其形成适合自身发展的、积极的自我认可。

▶ **对于家长**

　　家长也需要专业心理工作者的指导，甚至可以邀请咨询师或者治疗师进行家庭心理治疗，一起讨论什么是父母的期待，什么是子女的期待，以及父母与子女之间更为合适的沟通方式，从而在家庭内部打开对话的空间，让每一个微弱的声音都有机会表达。当声音可以表达、被听见时，声音也就成了沟通的桥梁，孤单的感觉也会随之减弱。孤单或者孤独的感觉变少了，有力量感的东西就变多了，孩子们也会获得滋养和成长，这种滋养型的父母也可以更好地陪伴孩子们去面对学习和生活中的一些困难。

▶ **对于学校**

　　学校在大型考试之前可以邀请专业的心理工作者开展针对老师和学生的团体心理活动，不仅可以帮助学生减压，也可以通过减少老师的压力来减轻学生的学习压力。另外，团体心理活动也可以帮助部分内向的学生找到被同伴在意和支持的感觉，减少孤独感。

同时在有条件的情况之下，学校应鼓励老师们在恰当的时候与学生多沟通，多倾听，建立师生之间的滋养型关系。当学生的期待和感受被听到以后，学生的内在动力也会推动心理健康发展。

第 10 节
网瘾少年的无奈

郑汉峰　　刘　闰

案例故事

　　小刚，男，16岁，高一学生，体型瘦弱，在学校住读，有一个年龄较小的妹妹。小刚的父母都是农民，文化水平不高，平时以卖菜为生，很少有时间陪伴孩子。父母都是谨小慎微的人，哪怕和村民发生矛盾，大多也以忍气吞声为主，常教育子女与人为善，凡事退一步海阔天空。由于小刚是家里唯一的男孩子，初中的时候，他学习劲头足，成绩优异，因此父母把所有的希望都寄托在他身上。后来小刚考上了市里的重点高中，父母认为孩子为家族增光了，对其学习要求更严格了。父母每月难得打一两次电话，基本都是询问学习情况，平日也是早出晚归，希望为小刚日后读大学攒够费用。小刚感受到家里人的付出，决心在高中好好学习，用成绩报答父母的养育之恩。

　　刚刚升入高中，小刚便察觉到自己和其他同学的不一样。

班上的同学吃穿用度都很大方，自己穿的衣服还是几年前买的。渐渐地，班上有同学开始嘲笑他，说他是从农村来的，土里土气。小刚的性格也很内向，以前读小学初中的时候，大家都是一个村子玩大的，人际关系没什么大问题，刚升上高中，就遇到这种情况，小刚有点手足无措。班上的男同学经常约着周末一起出去玩，小刚也特别想加入，奈何每个月的生活费只够用作在食堂吃饭的开销，所以每当有人来邀请小刚一起出去玩时，小刚只能装作很不感兴趣而拒绝。久而久之，就没有人邀请小刚一起出去玩了。小刚在学校里一直独来独往，每天的生活也是食堂、宿舍、教室三点一线。

小刚的宁静生活在高一下学期的一天被打破。小刚的室友说他刚买的手机不见了，他出去取外卖，回来后手机就不翼而飞了，当时只有小刚在寝室，便说是小刚偷的，小刚百口莫辩，后来就算班主任介入，但是这件事依旧没有一个明确的结果。从那以后，在寝室里，没人愿意和小刚说话了。小刚觉得同学们都在私下议论他。有时候回寝室，看到室友在说话，小刚就觉得他们是在议论此事。为了不见到同寝室的人，他晚上就到网吧上网，开始沉迷于网络。他喜欢这种虚拟世界，认为这样很开心，不用再听寝室同学对他的议论。小刚上网成瘾已经严重影响了他的身体健康和学习状态，并且因经常迟到和欠交作业，在班级内造成了很不好的影响。父亲生气极了，屡次打骂也没能把孩子从"网瘾"中拉出来，相反，严管之下的小刚产生了严重的逆反心理，与父亲关系恶化，基本不愿和父亲说话。

最近他感觉在现实生活中没有一个可以理解信任他的朋友，情绪烦躁，痛苦无处诉说，开始失眠，感到焦虑。他越想越烦，最终发展到夜不归宿，网络成为他逃避问题或缓解不良情绪的主要途径。

专家解析

（1）家庭教育的影响：父母的教育方式不当和家庭沟通缺乏都是青少年网络成瘾的重要原因。父母对孩子期望过高容易使用严格的教育方式，给子女造成过大的压力。这类青少年在学校或社会中遇到问题时，会感到很压抑，自责、自罪感都很强烈，当他们没有合理的途径去缓解这部分压力时，网络就成了一种解压的方式。父母不要对孩子上网过多感到恐惧，而应将其视为成长和关系的问题。孩子的问题大多应该理解为家庭关系问题在孩子身上的具体表现。

对青少年而言，学业竞争是重要的压力源之一，繁重的学业压力使青少年容易产生厌学情绪。一些在学业竞争中失利的青少年，迫切要求摆脱学校、家庭和社会对他们的负面评价，此时网上社区就成为逃避现实、实现自我的场所。除此之外，青少年在生活中还需要面对人际关系、情感等方面的问题，这些问题如果得不到及时有效的解决就会对他们造成很大的压力。许多青少年通过网络互动与友伴进行沟通和交流，以获得安慰和支持，从而暂时逃避现实压力，使内心的压抑情绪得以宣泄。

（2）青春期的矛盾：身高的增长、第二性征的显现及自我意识的觉醒，使青少年更加注意自身的形象，关注同伴对自己的接纳和评价。青少年的心理发展往往落后于生理的发展，对自我的过分关注引发了许多心理困惑。这一时期的青少年崇尚独立和自由，总认为自己"已经长大"，不愿顺从父母、老师及其他大人的意见，常以抵触大人的观点来证明自己的独立，又因生理和心理还未发育成熟，反抗与依赖并存，勇敢与怯懦同在，心里出现了一系列矛盾，并易产生愤怒、抑郁等否定情绪。种种困惑和矛盾带来了巨大的心理压力，而网络的虚拟性正好为他们提供了一个幻想的空间，为他们的情感转移或心情宣泄提供了一个较为方便、快捷的场所。

（3）人际关系不良带来的影响：相关领域的调查结果显示，我国绝大部分的网络成瘾者都或多或少地在生活中遇到了困难，在学习、工作或者情感方面存在短时间内难以解决的问题，从而将注意力转移到了网络上面。在考虑青少年网络成瘾问题时，不能只将注意力放在网络上，只有考虑其背后的人际关系才能治标又治本地解决问题。将问题的原因归结为电脑、游戏和网络，把问题推向外界是相关人员推卸责任的表现。

专家支招 🗨

▶ 对于孩子

了解自己的个性特点，寻求一些兴趣爱好，帮助自己找回自信；也可以寻求心理咨询师的帮助，以改善现实人际接触为目标，认识到健康的孩子应该是既会玩又会学习的。学生应在专业心理工作者的帮助下找到更多积极有益的活动，从而逐步摆脱网络成瘾状态。同时，也可以在团队干预下逐步进入正常的社交娱乐群体当中，在相互理解的基础上，提升自身的社交能力，学会与他人构建良好的社交互动关系。

▶ 对于家长

干预的重点是家长与孩子的关系。把孩子的失控理解为反应性的，是对外界过度控制的反应和对抗。家长应培养和谐的亲子关系，矫正偏激的认知态度，营造温馨的家庭气氛。家长应该抽时间多陪陪孩子，进一步加强与孩子的沟通交流，对网络成瘾的孩子应尽量减少责备，尽可能进行交流，共同制订合理可行的上网计划，形成良好的监督氛围，适时给予鼓励和鞭策。以上措施都能帮助孩子戒掉网络成瘾。

▶ 对于学校

学校应针对家长群体提供网络成瘾专题心理宣教，针对学生群体提供人际关系团体心理辅导，引导学生以正确的方式处理人际关系。学校应通过开展活动创造人际交流的机会，鼓励学生扩大人际交往范围，让他们掌握一般的人际交往技巧，促使其现实生活中人际关系的改善。

同时学校作为一个平台，要为学生创造条件，发挥潜能，培养特长，多开展各种类型的课外活动，包括文体活动、科技活动和社会实践活动等，让学生在参加活动的过程中不断地成长和提高，充分展现自我，实现价值，充实课外时间，并在活动中找到友谊和自信心。最后，学校要加强校园网络信息资源的开发，普及网络知识，促进网络教育，使学生认清网络的本质，并养成科学的上网习惯。

第 11 节
关爱与丧失

案例故事

　　小莉是一名刚满 14 岁的女生，短发，身高在班上属于中等，偏瘦，着装休闲整洁，平时身边有 1 ~ 2 位好友会与她一起玩。目前，小莉就读于某中学初二年级，成绩一直保持在班上中上水平。小莉的父母在她 4 岁时，因一场突如其来的车祸，双双失去了生命。小莉的爸爸是家里唯一的孩子，小莉的爷爷在她爸爸很小的时候就因病去世了，小莉的奶奶独自抚养她爸爸长大成人。由于小莉的外公外婆生活在北方，且年龄均在 70 岁以上，抚养小莉存在很大的困难，而小莉习惯了南方的生活，所以当小莉父母离世后，小莉的奶奶成了小莉的监护人。小莉的父母生前曾购买了一套两室一厅的小居室，这是父母留给她的家。此后，小莉和奶奶一直生活在这个家里。

　　小莉和奶奶的家庭开销来自政府的贫困补助和奶奶每月做

保洁的微薄工资。虽然生活比较简朴，但小莉和奶奶彼此照顾，过得很开心。奶奶善良，温柔，有耐心，给予了小莉很多关爱和照顾。小莉在小学阶段，成绩一直处于班里的中上水平，与同学和老师相处得很不错，只是偶尔看到同学父母的时候，就会希望自己的父母也能在身边陪伴，心里不知不觉地有些伤心和失落。她不希望奶奶和她一起难过，默默地把这些情感藏在心里，而她脸上总是会带着甜甜的微笑。

小莉通过自己的努力，考上了当地的重点中学。小莉上初中时，奶奶已经60岁了。奶奶的身体也开始出现了病痛，慢慢地减少了外出工作。之后，奶奶确诊患有严重疾病。小莉上初二的某一天，奶奶独自在家时不慎滑倒，头部受到了撞击，未得到及时的抢救，离开了人世。奶奶的去世发生得很突然，小莉很难接受这个事实。自那之后，小莉不愿意走出这个家，她每晚都会哭泣，悲伤不已，她舍不得奶奶，也舍不得离开这个家，这是她感到温暖的地方。

目前，小莉正在接受某儿童青少年心理公益援助中心心理咨询师的支持、当地社区的社会工作者的帮助以及当地妇女联合会的资助。希望小莉能感受到大家的关爱，找到属于自己的一小片天地。

专家解析

　　丧失是人的生活中均会遇到的情况，而人们因此会有不同程度的悲痛和哀伤。本案例中奶奶突然离世对小莉来说是一种创伤性的哀伤。小莉在哀伤之后初见有所成长，但仍需要一些时间。面对哀伤的时候，参照 Schneider 的成长模式，人们将需要经历八个阶段：①对丧失的初步感知；②通过一段时间，把思维和情感集中于丧失的积极面，动员所有内部资源来避免无能和失衡，限制丧失感；③认识到丧失对自己所能承受的极限，放弃不切实际的目标、假设和幻想；④明白哀悼阶段是最痛苦、最孤独、最无助的阶段；⑤理解丧失，接受既定的事实，对过往事件平静对待；⑥解决丧失，做一些与丧失无关的活动；⑦在成长背景下重构丧失；⑧将丧失转换为新的成长水平。对此时的小莉来说，她可能正在经历第四个阶段，慢慢地明白这是痛苦的、孤独的、无助的，自己可以逐渐适应和调节。

　　根据家庭生命周期理论，小莉的家庭处于有青春期的孩子的家庭阶段，此阶段家庭情感变化的重点是增加家庭界线的灵活性，允许青少年独立，同时父母和青少年共同面对祖父母出现的问题。对小莉来说，她独自面对奶奶离世的问题。在小莉父母离开之后，小莉提前承担了照顾老人的责任。小莉本人正处在青春期，似乎还在学习如何慢慢独立和有事情与长辈商量的时候，但她已经需要独立了。因此，小莉需要重新调整自己的生活节奏，找到生活中较为稳定的支持来源。

美国著名心理学家埃里克森提出了青少年自我同一性的概念，并阐述了形成自我同一性的重要性。自我同一性是一种关于自己是谁、在社会中应有什么样的地位、将来准备成为什么样的人及怎样努力成为理想中的人等一连串感觉。在埃里克森心理社会发展阶段理论中，"自我同一性和角色混乱"是青春期青少年人格发展面临的主要冲突，这一阶段的重要任务是发展自我同一性，建立新的自我同一性。小莉目前正处在这样的阶段，父母和奶奶的离开可能会影响她的自我同一性的形成，她需要整合之前的经历和结合之后的生活一点点地形成自我同一性，慢慢地度过此阶段。

此时，来自社会各方的支持，对小莉来说就尤为重要。小莉的外公外婆虽然还在，但年事已高，还需要其他人帮助方可生存下来。从社会层面来说，小莉此时已经可以被定义为一名孤儿了。在某种程度上，小莉非常需要来自公益方面的支持，无论是经济上、心理上，还是社会层面上的。在案例的结尾，我们看到了小莉正在接受大家的帮助。

专家支招))

▶ **对于孩子**

（1）应找到生活中值得信任、尊敬的长辈，与他们保持稳定的联系，在有需要时，能得到他们的支持。亲人的离世是令人悲伤的，要带着亲人的祝愿勇敢地活着。

（2）在心理工作者的支持下，要在生活和学习中慢慢地发展自己的学习能力、调节情绪和面对挫折的能力，从而增强自信心，多多鼓励自己，了解自己的样子、自己的长处、自己对什么感兴趣，以及自己希望成为什么样的人，并为之努力，勇敢地走向更广的团体生活中去。

（3）如果可以的话，有意识地提醒自己，虽然自己有很多与同学们不一样的生活体验，同样地，他们也有很多经历是自己很难有机会感受到的。对大部分同学来说，大家更多是一样的，大家处于同一个年龄段、同一个年级、同一个班级，有同样的老师、同一个学校、同一个生活天地。

▶ 对于老师

照顾家庭、追求事业等已经耗去他们很多的精力和时间，老师应先花点时间采取一些情绪调节的方法，帮助自己舒缓情绪和解压。在与其他老师合作的情况下，对学生多一些生活和情感上的关注。若发现危急情况，老师应积极寻找学校和其他有经验的老师的帮助，在必要的情况下，寻求更专业的干预和治疗。平常有空时，老师可收集一些专业资源的联系方式和紧急救助办法。

▶ 对于学校

学校可以为学生争取一些经济上的支持，使学生在生活中无须太担忧，能够安心上学，考取更好的学校，为社会贡献自己的力量。在重要的节日期间，学校可以将有类似困难的学生邀请在一起，在相互关爱和理解下结伴而行。

学校在对学生进行管理时，应让学生感受到更多的平等对待、关心和关注。

▶ **对于社会**

各类公益救助机构、个人和相关机构，应多多宣传，争取让更多的人知道这些救助机构的存在、在哪里可以得到帮助。有时也许一条信息就能遏制一个问题的恶化，就可以帮助人脱离困境。

第 12 节
危险的信号

郑汉峰　　周晨曦

案例故事

　　孙小莉是一名14岁的女孩，自小聪明伶俐，乖巧懂事，从不给家人添麻烦。小学阶段她的成绩一直名列前茅，老师的表扬已是家常便饭，因此从小被寄予厚望。作为家里的独女，父母几乎把所有的心血都拿来培养小莉，除了学习，还为小莉报了很多兴趣班，希望小莉能全面发展，提高综合素质。小莉一直很争气，老师和同学都很喜爱她，父母也引以为傲。

　　可奇怪的是，自从小莉上了初中，有很多事情都悄悄发生了改变。初中的学业难度明显增加，小莉发现自己不能再像小学一样轻轻松松考到高分，每次考试如果比上一次少几分，小莉就非常在意，认为自己很差，她最接受不了的就是从前最拿手的数学成绩也逐渐下滑。一开始，小莉和父母都决定逐渐减少兴趣班，把主要的精力都用在学习上，后来所有的兴趣班都停掉，一心扑在学习上的小莉，成绩仍然没有大的起色。为了再度获得奖赏和认可，小莉只能加倍努力，晚上经常学到十二点才休息。一开始成绩的确有所回升，可是开心没多久，又有一次考试发挥失常，小莉觉得自己所有的努力都白费了，此后

一遇到考试就更加紧张，平时做作业还好好的，一到考试就做错。父母开始怀疑小莉平时上课不认真，导致学习效率下降，才会这么晚都无法完成作业，成绩不如从前，以至于有时候会质疑甚至批评小莉。由于压力太大，以及父母愈加频繁的不满和指责，小莉感到强烈的失落，开始变得郁郁寡欢，上课注意力难以集中，想集中精神听课的时候，脑海里就会时不时冒出父母失望的话语。小莉的记忆力也不如从前，有时候一篇课文背很多遍也背不下来。由于晚上学到太晚，小莉白天整天都感到疲惫乏力，精神很差，但晚上又很难睡着，睡着了也会反复醒过来。这样的状态让小莉再也吃不消。老师看到小莉上课总是一副昏昏欲睡的样子，把她叫到办公室，非常严厉地批评了她，认为小莉没把心思用在学习上，并把情况反馈给了小莉的父母。这是小莉从小学以来第一次被叫到办公室接受批评。父母听到老师的反馈，更加坚信小莉是因为贪玩才会考不好，小莉回家后，父母再次对她进行了批评教育，表示对她非常失望，认为小莉再也不是曾经乖巧懂事的好孩子了。

小莉感到前所未有的被否定，她最怕自己被剥夺"好孩子"的标签。此刻她再也无法承受，独自回到房间，脑海里反复回想父母和老师对自己失望的话语，回顾这么久以来为了成绩付出的努力和牺牲的睡眠，越想越无法平复心情。从未遭受过这些打击的小莉认为自己现在已经没有活着的价值，活着只会让父母和老师失望、生气，于是打算走上天台跳楼自杀。

专家解析

以成绩为导向的教育，容易让孩子把自我价值和成绩紧密挂钩，甚至出现把所有"自我价值"都放在"成绩"这一个篮子里的极端情况，从而产生较大的学习压力。孩子在产生学习挫败感后，会找不到自我价值，从而选择消极的解决办法。在本案例中，由于父母望女成凤，小莉也逐渐形成了完美主义的特质，且认为成绩差就意味着没有价值，无法承担成绩差的后果。小莉长期处于这种高压下学习，加上父母、老师的不理解，最终导致消极的结果。

当今升学压力大，父母免不了受大环境影响而产生焦虑情绪，希望自己的孩子是出类拔萃、鹤立鸡群的那一个。这种焦虑情绪和压力可能潜移默化地传递给孩子，而如果父母还直接采用批评指责等方式进行教育，更可能出现不好的结果。

自我价值感对于心理健康十分重要，强烈的无价值感易使人产生冲动和消极的念头及行为。在自杀行为出现前，通常会有很多信号，如持续两周以上的情绪低落、易哭，烦躁不安等，关注这些信号可以有效防止悲剧的发生。在本案例中，小莉已经出现了郁郁寡欢、注意力和记忆力减退、睡眠差等症状，这已经在传递一些信号，需要父母引起重视和给予关怀。

青春期本就是一个特殊时期，孩子正处于人生中一个充满矛盾的阶段，既想长大成人独立面对世界，又不能完全脱离父母的庇护。这种矛盾的感受会让青春期的孩子处于一种内心动荡的状态。在本案例中，小莉上初中后逐步进入青春期，在各个方面都会变得更为敏感，对于父母和老师的批评很难坦然接受，容易出现一些冲动或极端的想法。

专家支招 💡〰️

▶ 对于孩子

应培养一些兴趣爱好，在学习之外有一些属于自己的时间。与人交际建立友谊，和朋友沟通倾诉，获得理解和支持，都可以帮助自己调节情绪。如果有些情绪无法自我缓解，已经对自己构成了严重的困扰，必要时需要寻求心理咨询师的帮助。

▶ 对于家长

家长不应以成绩为评判孩子价值的唯一标准，而应多进行鼓励教育。家长要密切关注孩子的情绪变化，关心孩子情绪波动的原因，多倾听孩子的感受，不要总是反驳孩子的想法。尤其是青春期的孩子，他们处于内心动荡敏感的特殊时期，良好的亲子关系对于帮助他们度过这个阶段十分重要。家长需要试着把孩子当作"大人"来尊重和理解，密切注意他们的变化。当孩子进入青春期时，家长通常也逐渐进入了更年期，家长也需要关注自己内心的变化，在自己的社交圈中寻求支持和宣泄。必要时，家长应及时带孩子去医院就诊，寻求专业医生的帮助。

▶ 对于学校

在学生青春期，老师是除了家长外与学生接触最多的人，校方可以为老师提供心理健康教育培训，理解学生不同年龄段的不同心理特征，引导学生以正确的方式发泄情绪。当学生有异常情绪或行为时，老师应积极关注，与家长沟通，预防不良后果。校方可以开设家长工作坊，与家长进行交流，向家长普及心理健康常识，对其进行亲子沟通教育。

第 13 节

危险的宣泄

郑汉峰　　张静怡

案例故事

　　小谢是一个 15 岁的女孩，家住某县城，父母是高校老师。小谢是家里独女，家人都很关注她的成长，特别是学习。父母对她寄予厚望，从小谢上学开始，父母对她的成绩要求就很高，希望她能够考上重点高中。不只学习上，在其他方面，父母对她也有较高的要求。在父母的精心教育下，小谢顺利地考上了重点初中，在年级也一直名列前茅，是一个成绩优异、深得老师喜欢、同学羡慕的好学生。

　　父母特别关注小谢的成绩，一旦她的成绩或者名次下滑，就会严厉地指责小谢不够努力，认为她过于沉迷手机或者电视，并以此为由收走她的手机并禁止她看电视。一旦小谢与父母发生争执，父母都会强调"我们为了你付出了金钱和时间，你却不知道感恩；我们都是为了你好，如果你不能考一个好的高中，你就考不上好的大学，你就找不到一个好的工作，你一辈子就毁了，难道你希望父母养你一辈子吗？"这些话给小谢带来了极大的压力。以前小谢会在被窝里痛哭，随着父母的责备越来越多，简单的哭泣已经不能帮助小谢发泄。偶然一次，小谢用美工刀划伤了自己的手，在那一瞬间，烦躁痛苦的情绪仿佛都离开了她。从那以后，小谢遇到不开心的事就会用美工刀划出一道伤口，看着血流出的样子，小谢心里的痛苦与愤怒也渐渐消失了。

父母在看到小谢越来越优秀的成绩后，又提高了目标，要求小谢继续努力，尽可能考上某重点高中，并在课余时间增加了更多的学习计划。小谢每天忙于完成学校的作业和课外增加的练习，没有时间和以前的同学与朋友出去玩耍。同时，父母认为人际交往也很重要，他们对小谢的朋友也会认真筛选，禁止小谢与成绩差的同学来往。

在小谢的努力下，她考上了市里的重点高中。当她第一次离开父母来到陌生的环境时，她感觉到更多的压力。以前只要努力就能取得优异成绩已成为往事，同学们都很优秀，有的甚至不需要像她一样努力也能考得比她好。在学校不管如何努力，她都只能保持一个中等的成绩，另外，同学们都喜欢谈论游戏、追星等话题，从小只埋头学习的她并不了解，同学们渐渐不想与她聊天。慢慢地，新学校里压抑的气氛让她感到心情低落。每当周末父母来学校看她时，父母也会表示对她现在的成绩不满意，并要求她好好学习。每当她表达自己也很辛苦甚至想回到县城去读书时，父母总会告诉她，他们也很辛苦，读书哪有不辛苦的，现在都克服不了这些事情，以后怎么能进入社会。

在学校，小谢越来越内向，和同学都是泛泛之交，她找不到倾诉的对象，更不敢告诉父母。她忍不住又一次买了美工刀，第一次在高中割手的时候，她感觉很羞愧，但手臂的疼痛让她心里更舒服。渐渐地，每当小谢身上发生一些不快乐的事情时，她都会拿出偷藏的美工刀，给自己划几下解压，伤口越来越深，割手臂的频率也随着考试次数的增加而越来越高，小谢也沉迷其中。为了掩饰伤口，她从不在夏天穿短袖，更不允许别人触碰她的手臂。

后来，小谢割的位置从上臂慢慢向手腕移动，伤口也越来越明显，也许她潜意识里希望有人能发现她的行为，能够帮助她。半学期后，室友将她的情况告诉了老师。她被老师请到办公室谈话，她的事情也被告知给了父母。父母对她的行为很失望，勒令她改正。最开始，小谢觉得很对不起父母，也尝试克制自己。但随着学业压力越来越大，和同学间也发生了许多摩擦，她觉得周围的人都在议论她，所有的同学和老师都在歧视、孤立她。每当回到学校，她都会觉得紧张、焦虑，恨不得把自己藏起来。她的注意力慢慢从学习移向了其他地方，记忆力也在下滑，晚上会回忆每天发生的事情，越想越难过。渐渐地，她开始失眠了，第二天学习也无精打采，学习成绩也在逐渐下滑。在一次考试失利后，父母听到她的哭声，反而责骂她不努力，她又一次选择了割手臂的方式。

渐渐地，小谢不再尝试和人沟通，一旦不开心，就会把自己关在房间里不说话。有的时候太难过，她就会拿出美工刀或者修眉刀伤害自己。尽管父母发现多次，用过很多方式管束她，也收缴了很多次刀具，但效果并不明显。小谢仍像上瘾一样重复买刀具，重复地伤害自己。父母一旦过度管教，她就会和父母发生激烈的争执，甚至会以死相逼。

老师发现小谢的情绪越来越差，也拒绝和其他人沟通，自伤行为更为频繁，要求小谢的父母带她去医院进行药物和心理治疗。

专家解析

1. 父母过度强调学习第一

从小谢出生开始，父母因为自身的教育背景，过度地强调学习的重要性，强硬地认为只有学习成绩才能决定孩子的好坏和未来的发展。孩子的第一任老师永远是父母，最初的价值观、世界观、人生观也来自父母的教育，他们会高度认可，甚至模仿父母。而这种以成绩为教育中心的方式，会让孩子在成长的过程中也逐渐认为成绩是实现自我价值的唯一方式，从而过度在意成绩。一旦成绩下滑，孩子就会觉得自己一无是处，甚至前途渺茫，产生巨大的负疚感和自卑感，认为愧对父母，也愧对老师和同学，他们只有选择攻击自己、惩罚自己。这时，孩子往往会忽略自己的优点，比如性格开朗、乐观积极，他们只会觉得自己什么都没有，价值感丧失会导致他们过度自卑。

2. 父母介入学习的方式存在问题

当孩子成绩下滑时，父母一味地教导孩子努力，这种方式更像是在指责孩子，否定孩子的一切，会让孩子感觉更受挫。有时候，父母在指责中强调自己付出的艰辛，更会让孩子的负疚感增加，有的孩子甚至会觉得自己是个罪人。父母不与孩子沟通就盲目增加补习班，有时候会给孩子传递一种你能力不够、你不会学习的评价，会让孩子怀疑自己的能力，让本就受挫的孩子遭到双重打击。

3. 父母过度地介入孩子的人际交往会带来很多弊端

当孩子与同龄人产生冲突时，若父母过度介入调停，会让孩子拒绝学会处理矛盾，选择将责任和任务交给父母；若父母一味地指责对方，会导致关系破裂，让对方拒绝和孩子交往，也可能让孩子无法学会反思和换位思考，渐渐形成将一切错误归结到他人身上的处理方式等。这些情况都会阻挠孩子人际交往能力的发展，当他们慢慢成长，渐渐离开父母后，和同龄人的交往会让他们手足无措。父母禁止孩子与一些同龄人玩耍会让他们更害怕主动与他人接触，会削弱他们的社交技能。当青春期到来时，孩子会更在意与周围同龄人的关系，渴望得到同龄人的认同，也需要通过同龄人对他们的评价和反应去构建属于他们的自我认同。当出现人际交往困难时，他们会缺乏足够的支持，也会从同龄人的反应中怀疑自己，甚至讨厌自己。在匮乏的人际交往环境里，青少年的忧郁、孤单感会加剧，这对于青少年的自我认同的形成极为不利。

4.自残的背后往往有很多原因，如发泄、引起关注、从众等等

父母和老师一味地指责、禁止，而不去找出行为背后的原因，会让青少年的愧疚感更深，也会让他们更多地感觉到自己不被理解和不被接纳，与父母和老师的关系会更加疏远，甚至会产生敌对的可能。只有了解青少年行为背后的动机，才能更好地帮助他们。

专家支招))

▶ **对于孩子**

（1）首先要找到自己的优点和缺点，这样才能更好地认识自己、了解自己，更好地做到扬长避短。除了学习外，还应培养更多的兴趣爱好。

（2）要树立正确的价值导向，不能一味地认为成绩

就是唯一，要更多地掌握学习的方法，强调学习过程中的收获。

（3）要学着自己处理人际关系，当和同学产生分歧甚至矛盾时，要学会自己去沟通解决，拒绝一刀切的指责，甚至绝交，在人际交往中锻炼自己的沟通能力和换位思考能力。

（4）要学会与人分享和沟通，要相信遇到自己不能解决的问题时，可以寻求老师和家长的帮助，甚至可以寻找同龄人的帮助。也要学会倾诉，可以选择信任的老师、朋友，当这些都没有的时候，甚至可以选择自己搭建一个树洞（写日记、写博客、自己与自己对话等），负面情绪过度地积攒会让人越来越压抑，直到爆发，而这些情绪在倾诉过程中会降低负面的体验，甚至会逐渐消散。

（5）要多参与同龄人的社交活动，外出聚会，一起运动，一起游戏，只有在互动中，才能帮助各方加深了解，为建立良好的人际关系打下基础。

（6）掌握正确有效的发泄手段，如聊天、写作、绘画、运动等，将过多的负面能量倾泄到其他领域，而不是伤害自己。

▶ **对于家长**

（1）家长要认可自己的孩子，发现孩子的优点，不能一味地否定他／她，不能以一件事来确定孩子的品行、能力，甚至未来的教育方式。

（2）当孩子取得进步时，不管进步多大，不管进步是哪一类，比如他们学会了整理房间，写作业的速度提高，家长都要肯定他们的进步，甚至可以给予一些奖励，强调进步也是在强调上进努力。

（3）当孩子成绩下滑时，家长应该关注下滑的原因，总结经验教训，寻找孩子学习中的困难，进行合理的引导。同时家长要看到孩子的努力，鼓励孩子发现自己已经做到的事情，帮助孩子认可自己。

（4）家长不应过度干涉孩子的社交，避免直接介入孩子的社交。在孩子社交中，家长更多是支持和协助的角色。当孩子受挫时，家长是他们最坚强的后盾；当孩子遇到不能处理的社交危机时，家长要站在孩子的角度给予建议，引导他们去尝试，切勿将孩子的问题过于简单化，这样会让孩子感受到不理解和不尊重。

▶ **对于学校**

（1）学校应提供有效的心理健康教育，增设心理课，鼓励学生与老师多沟通，建议老师多观察留意学生的情绪。心理老师也需要更多地介入，增加心理类团体活动。

（2）学校应强调多元发展，不以成绩作为衡量学生能力的唯一标准。当学生成绩下滑时，老师尽可能鼓励引导，帮助学生寻找下滑的原因，争取下一次进步。

（3）当学生出现自伤行为时，学校应拒绝特殊化，尽可能保护学生的隐私，加强与父母的沟通协助，减少指责，多引导学生用正确的方式处理问题。

第 14 节
当青春期撞上更年期

刘建华

案例故事

　　就读于 XX 中学的小花，女，14 岁，从小由父母抚养，独生子女。小花的外公、外婆在外省，跟着小花的舅舅一起生活，小花的爷爷、奶奶很早就去世了。小花的父亲在外地工作，一月见孩子和妻子一次。父亲性格温和，但每次回家都不喜欢带孩子，大部分时间都是母亲陪孩子做作业、玩耍。母亲性格强势，一旦小花不按照她的指令行事，她就会表现得极其愤怒，打骂小花，经常在小花面前与父亲争吵，还当面或背地里贬低小花。小花从小就很胆小，性格内向，听话，没有太要好的朋友，但最近她偷偷交了男朋友，是她的同班同学。

　　小花的母亲是一名中学教师，有一个哥哥、一个妹妹，妹妹是一名抑郁症患者，长期服药，小花的母亲与哥哥、妹妹关系都不太好。小花的父亲有两个弟弟，都在外地，很少联系。

进入初二后，小花变得不听母亲的管教，脾气暴躁，甚至与她对着干。而小花的母亲近来月经紊乱，阵性发热、发冷，脾气暴躁，变得啰嗦，反复要求小花遵照自己的意愿做事，这

给小花带来了极大的苦恼，经常与母亲争吵。小花的父亲总是选择回避，终于有一天，矛盾爆发了。

一天，小花得知期中考试成绩后，对考试成绩不满意，平时可以考前 10 名，这次只考了第 20 名，回家后，心情非常烦躁，拿起手机，躺在床上刷起了抖音。而小花的父亲则躺在沙发上玩手机，等着小花的母亲回来做饭。半小时后，母亲下班回来发现无人做饭，立即怒火冲天，冲着躺在沙发上玩手机的丈夫吼道："你一天天什么都不管，好不容易回来，连饭也不知道做，你不如死了算了。"小花的父亲并没有什么表情，直接忽视妻子。此时小花的母亲更愤怒了，一把抓过手机，扔在了地上。这时，还没等小花的父亲缓过神来，小花愤怒地从房间出来，呵斥道："吵什么吵，一天就知道吵。"小花的母亲听闻后更生气了，大骂："你翅膀硬了，还敢说我，说说你，班主任打电话说你学习成绩下降很厉害，这次期中考试考成什么样！还有，是不是谈恋爱了？还能耐了你？"说完，她冲进小花的房间，将网线剪断，这引起了小花极大的情绪反应，她大声哭泣，要动手打母亲，称如果不让她上网，就立即跳楼自杀。小花的母亲根本无法控制情绪，扬言也要自杀，而此时，小花的父亲则站在旁边不说话。最后，小花的父亲打电话请小花的大舅来到家里，经过大舅的调节，双方才慢慢平静下来。

专家解析

　　我们知道孩子有青春期，其实母亲的更年期也是女人的最后一个青春期。青春期意味着人们从一个很融合的关系过渡到一个更分化的关系，彼此从一个共生的爱着你的爱、痛着你的痛的关系，进入到你有你的思想感受、我有我的思想感受、我们是不同的这样一个彼此分化的思想情境之中。所以父母特别是母亲，必然会跟自己的孩子进行一场关于孩子的人生应该何去何从的权利争斗。

　　在这场争斗中，母亲表面上看是更有战争资源的一方，但其实是最大的战败方。孩子的人生才刚开始，他们有无限的可能性，但母亲的人生已经开始拉下帷幕，生活再没有更多的可能性，这里更多的可能性也包含了母亲获得快乐的可能。在生命的规律之下，其实无论如何母亲都是作为一个被剥夺者的形象出现的，为了反抗这种被剥夺的痛苦，她必须抓住一点什么，所以母亲对孩子的理解必定是片面的，无法真正承受孩子无限的可能性带来的焦虑感。

在这个案例中，双方都提到了自杀来威胁彼此，所谓的自杀之所以可以威胁到彼此，是因为在当事人的心里，我是属于你的，既然我搞不定你，我就毁掉属于你的东西来惩罚你，当然同时也有一种报复"你"，或者"以死明志"的感觉。这也说明母子心理状态太过融合，没有我跟你都是不同的、独立的个体的状态，而是我跟你是一体的状态。当然这也是母子两人的"青春期"矛盾如此激烈的映照。

但以上并不是这个案例的关键，这个案例的关键其实是父亲在家庭关系中的缺位。这个证据就是，我们看到父亲对自己妻子与孩子的冲突表现出的无能为力。但无能为力并不是一个原因，而是一个结果，因为所有的无能为力背后，都是我不觉得这件事情跟我有关系，所以我很难真正参与到这件事情里面去。举一个很简单的例子，如果一个人饿了，他很想吃饭，哪怕再难吃的东西他也会努力吃下去。但当一个人不愿意做某些事情的时候，就会显得非常无力。

所以这个家庭最大的困难其实是父亲并不想真正地参与到家庭生活中来，他在婚姻与家庭中总是给人一种隐形人的感觉。这种感觉就意味着在这个家庭，妻子是没有丈夫的，孩子也是没有父亲的。当然这还不要紧，要紧的是表面上这个父亲又是存在的，所以所有人都失去了自己最珍贵的亲人，但是又没有人知道自己失去了自己最珍贵的亲人，母亲和孩子的潜意识里必然存在着一个寻找的欲望和一个告别的冲动。同时母亲和孩子的潜意识当中并不能那么清晰地觉察到自己要寻找什么、要告别什么，这就会产生一种莫名其妙的恐慌。当这种恐慌发生的时候，因为我们不知道自己为什么恐慌，就会自动地找很多并不相关的事情对应进来，试图去解决这个不确定感，于是整个家就变成了母亲与孩子玩一个"没事找事"的游戏。

在这个游戏里面，母亲当然是女主角，因为她失去的不仅是孩子的父亲，还有自己的丈夫，这也是母亲的脾气要比孩子大的原因。

专家支招 🔊

▶ 对于孩子

了解现实中父母的行为处世方式，再去比照自己理想中的父母形象，明白这两者的差异。

尽量认知现实父母与理想父母的差异形成的原因，多听听父母的成长史；论证自己心中形成这样的理想父母形象，是为了逃避哪些虚弱的部分，然后去比照别人是怎么处理这些虚弱部分的。

多看世界名著，建立真正属于自己的人生观、价值观。

▶ 对于家长

首先父亲应该了解自己在家庭生活中的缺位有怎样的负面影响；同时，夫妻俩也应该了解父亲在家庭生活中缺位的原因，以及母亲为什么允许父亲缺位，最好是夫妻俩去做婚姻咨询。

父亲平时应多关心母亲，母亲也应将注意力转移到夫妻关系的回温之上，如果母亲跟父亲的关系足够亲密浪漫，那么父亲自然就能够以客观中立的态度去处理所谓的母子冲突。这也有助于孩子跟母亲在精神上划出一个有弹性的分化空间。

▶ **对于学校**

学校应提供青春期的心理健康教育培训，引导同学们以正确的方式发泄情绪。学校可以开展家长工作坊，与家长进行交流；同时可以让同学们以讲自己的故事的方式来增进彼此的友谊，让他们建立属于自己的小群体，并从中获得归属感。

如果情况还是无法改善，建议寻求心理咨询师的帮助。

第 15 节
我想有个温暖的家

刘建华

案例故事

　　小敏 13 岁，她是一位个子不高、身材瘦小的女孩，她的性格内向且敏感，她看人的目光游离，内心时刻会感到不安。小敏从小在农村长大，有一个姐姐，比她大 3 岁，还有一个妹妹，比她小 2 岁。她的爸爸妈妈长期分居（爸爸在离家 200 多公里的城市打工），妈妈在家里务农。

　　爸爸妈妈脾气都比较暴躁，性格也都非常强势，爸爸长期不在妈妈身边，妈妈一人带着三个孩子在老家生活，很多事情都是她独自处理，长此以往，她的脾气发生了变化，每天都会当着孩子们的面抱怨、发脾气。她经常抱怨自己命苦，也会抱怨爸爸没能力养家。

　　爸爸长期一个人在外地打工，很少与家人联系，他觉得自己为这个家付出了很多，却无法换来妻子的满意。所以，爸爸每次回家都会与妈妈吵架，妈妈经常挂在嘴上的一句话是："真是瞎了眼，跟着你过这样的苦日子，没能耐、没本事，老婆孩子跟着你吃苦受累，你还有脸回家，我的命好苦啊。"

爸爸也不甘示弱，一听到妈妈的抱怨，就会立马动手。小敏经常会看到爸爸妈妈扭打到一起，但是她不敢上前阻止，姐姐和妹妹也不敢上前阻止。妈妈经常被爸爸打得面部青肿、嘴角出血、衣服凌乱，家里的物品都会被砸得稀巴烂。

以前，孩子们也曾试图去拉架，但随着爸爸妈妈情绪的升级，他们根本无法听进孩子们的话。他们的争执愈演愈烈，以至于孩子们最后也会被打。最严重的一次，是因为孩子的教育问题，爸爸妈妈发生了激烈的争执，妈妈也说了很多过分的话，使爸爸非常恼火。于是，爸爸随手操起一根棒子，重重地打在了妈妈头上，妈妈的头顿时鲜血直流，直接昏倒在地。三姊妹吓坏了，慌忙跑到邻居家求救。邻居看到后，赶忙拨打了120，妈妈被及时送到了医院，出院以后妈妈直接提出了离婚。

在孩子们的印象中，爸爸妈妈每次发生争吵，都会提离婚，每一次提离婚，孩子们都感觉像天塌下来了一般。她们三个就像三只被吓坏了的小鸡，木木地坐在床边，一声不吭。

每次爸妈吵架后，他们都会找小敏抱怨对方的错误。妈妈会说："妈妈的命好苦啊，跟着这个窝囊废过一辈子，这什么日子啊，我为他养父母、养孩子，他这个没良心的，你们长大了可不要和他一样。"爸爸会说："我要跟这个怨妇离婚，你说你跟谁吧，你选谁？" 小敏经常处于这种矛盾、痛苦的选择中。

小敏有一位闺蜜，也是她唯一的朋友。她俩平时形影不离，小敏每天都要去找闺蜜玩，有时她也会在闺蜜家留宿，因为她不愿意回自己的家。但是，妈妈要求小敏晚上必须回家。

小敏感到家里的气氛令她窒息，所以她一有空就去黏着闺蜜。平时都是闺蜜顺着她，只要有一点不顺心，她就会对着闺蜜大吵。每次发生矛盾，都是闺蜜耐心地哄她，长此以往，闺蜜的耐心也快耗尽了。

有一次，在爸爸妈妈激烈争吵后，爸爸也打了小敏，爸爸一巴掌扇在了小敏的脸上，并破口大骂说："养女儿一点用没有！"妈妈也骂她："赶紧从这个家里滚蛋，不愿再伺候你们了！"

小敏一怒之下，离家出走了。她孤零零地走在路上，不知道自己要去哪里，这时已经是凌晨两点了，她浑身发冷，嘴唇也被冻紫了。最后，她不知不觉地走到了闺蜜家楼下。闺蜜被她叫醒，看到她后特别生气地说："这么晚你还跑出来，一点也不为别人着想，你怎么那么自私，你就不能为别人考虑下吗，你什么时候能够长大？"

她听到闺蜜的话后，非常生气，感到自己被羞辱了，心中顿时升起了怒火。她歇斯底里地说："你们都不理解我，你们都不知道我有多难过，全世界都没有好人！"说完，她拔腿就跑了。

最后，闺蜜在一个早餐摊找到了她，这时天刚蒙蒙亮，闺蜜给她买了一杯热乎乎的豆浆。她握着豆浆，对闺蜜说自己不想回家，想一个人去流浪，一辈子都不回这个地方，不回这个家了。她说自己的愿望很简单："我只想有个温暖的家而已，为什么别人都可以拥有，我就这么难啊，我真是不想活了。"

专家解析

这是一个典型的父母长期分居、感情破裂导致孩子内心受到创伤的案例。

　　因为父母总是当着孩子的面暴力相加，无形之中会让孩子认为暴力是一种战无不胜、攻无不克的法宝，所以孩子也以同样的暴力方式来解决自己的困扰（自杀）。但实际上所谓的暴力，是在无法使用智商的情境之下产生的。所谓的无法使用智商，就是无法承认现实中的某些困境，例如本案例中夫妻分居的问题（一般情况下，夫妻分居的原因都是父亲留在原籍，就没有钱养家，父亲去了远方赚钱，就没有办法顾家）。

　　其实这个问题也不是绝对不能解决的，一般分居造成的婚姻问题，都是夫妻双方，至少有一个人，在另外一方跟自己分开以后，内心无法留存对方对自己的认可与爱恋。心理学上称这种情况为情感储存功能不足。当然，这种功能也会随着现实生活压力的加剧而遭到破坏。

　　在这个案例中，我们看见，父母都会跟孩子说对方的坏话，都想要抚养权，这也说明了父母内心情感储存功能是不足的，双方都非常缺乏安全感，正是这个原因，孩子反倒成了为父母提供安全感的资源。同样，这个案例中的父母能够给孩子的真正理解和关爱必然也是远远不够的。

父母对婚姻总是要离不离的，也给人一种非常情绪化、做事情没有章法、缺乏诚信的感觉。这种感觉集聚在孩子内心深处，加之前面的暴力行为，会让孩子产生一种环境既不可控也不可靠的焦虑感。

一个人早年形成的焦虑感，是必须要解决的，否则他就会一直卡在不安的感受中出不来，尤其是对于一个青春期的孩子来说。青春期意味着成长，意味着要感受到胜任力，这样他才能确定自己是好的。他确信了自己是好的，才能顺利度过青春期，进入下一个发展阶段。而很多人的心理问题都源自青春期遭遇的挫败。青春期的孩子普遍敏感脆弱，但也聪明好学，如果善加引导，每个孩子都能表现得乐观积极且富有创造力。

正在上初三的小敏，她不仅缺少家人的支持，反而要透支自己的情感照顾家人，这对每个青春期的孩子而言都是很艰难的。由于支持不足，她难以学会处理自己的负面情绪。而心理学家弗洛伊德曾说过："被压抑的永远不会消失，有朝一日它会以更加丑恶的方式表达出来。"那么，在小敏身上，这一点是如何表现的呢？即，她用和父母一样的方式，表达自己的情感。她也开始破坏关系，与闺蜜大吵了起来。她将激烈的情绪泛化到闺蜜身上，以至于她的闺蜜感到非常生气，不想理她。那就相当于，她既承受了父母的焦虑，也承受了自己的人际关系焦虑，她肯定是没有能力解决这样巨大的焦虑的，这也是她想自杀的另外一个原因。

专家支招

▶ **对于孩子**

孩子处在一个关注不足，还需要不断给父母关注的供不应求的状态之中，而且时间较长，无法用药物或者简单通过改变环境来彻底调节。小敏可能需要进行心理咨询，从而认识到父母的问题与自己无关，父母的问题需要他们自己去解决，而她现在应该解决的是自己的情绪压力，以及内心的不安全感，并建立起足够的自信、自尊。

小敏还可以培养更多的兴趣爱好，积极参加社交活动，建立良好的人际关系，合理释放压力。

▶ **对于家长**

小敏的父母其实还是有感情的，并不是完全的感情破裂。父母对自己的生活困境要有足够正确的认识与接纳，不要盲目追求自己理想中的生活状态，那些都是需要以现实为依托的。他们可以采取以下措施：

第一，他们需要认识到这个问题的严重性，要"停止暴力"。如果任由暴力行为持续下去，会强化孩子的错误信念，让孩子相信暴力可以解决一切问题。

第二，寻找心理咨询师为家庭提供支持与帮助。心理咨询师要做的，就是帮助人们说出自己的情感，让每个家庭成员都能理解彼此内心的脆弱，并为家人提供自己的情感支持。父母要知道，只有自己在这一点上以身作则，孩子才能有更好的发展。

第三，小敏的父母可以同时看一本书，每天晚上花三十分钟，交流自己对这本书的看法，来增进感情。或者双方看一些育儿书籍，交流一下彼此的育儿观。在交流育儿观的时候，父母双方还可以分享彼此的成长经历，如童年趣事、童年的苦恼、童年的糗事，哪些地方做得好，让自己终身受益，哪些地方做得不好，需要我们去改正，等等。很多时候，父母回顾了童年，便能更好地理解孩子的内心。有些时候，我们成年后，会太过于专注现实生活，忽略了内心的情感。

但是我们要知道，现实生活是车子，情感则是汽油。我们不仅要会开车，还要知道及时补充汽油。现在有太多家庭出现问题，都是所有家庭成员只管车能不能跑快，而不知道如何加油。都在关注现实生活、孩子的成绩，而忽略了情感。情感是能为家庭提供温暖的，有了情感的支持，一个家庭才能更好地发展，孩子才能更好地成长。

▶ **对于学校**

学校若发现学生出现心理问题，有自杀倾向，应及时与父母沟通，做好学生的思想工作，寻求学校心理咨询师和专业心理医生的帮助。学校是见证孩子成长的地方，老师是孩子成长路上的引路人。老师需要及时关注孩子的内心，有时老师一句关心的话、一个暖心的举动，都会使孩子重燃希望。同学是孩子成长过程中的重要伙伴，同学之间会彼此形成链接，他们会一起摸索世界，探索自己的世界观、人生观、价值观，这无形之中就会构成一个紧密的链接。

第 16 节

不能承受的父母之爱

卢逃涛

案例故事

　　小殷一直保持着年级前 5 名的优异成绩，在国家级的数学和物理竞赛中还拿了一等奖。不仅如此，小殷乖巧懂事，勤奋努力，谦虚有礼，唱歌也非常好听，参加了很多比赛，获得了很多荣誉，是学校里的风云人物。在同学的眼里，小殷是他们心中的榜样。在老师眼里，小殷是得力的小助手。在邻居、亲戚朋友眼里，小殷就是那个经常被提到的"别人家的孩子"。

　　小殷的爸爸是一家世界五百强企业的一名高级工程师，妈妈是医院的科室主任。他们给小殷提供了很好的生活条件。爸爸虽然很忙，但每次出差都会给小殷买礼物。只要对小殷学习和成长有帮助的地方，爸爸都会愿意为小殷花钱。妈妈在生活上更是对小殷百般呵护，经常去小殷的学校给小殷送吃的，天冷的时候也会专程跑到学校给小殷送衣物。

每当周末的时候，爸爸妈妈都会带小殷去她想去的地方玩耍。每当小殷遇到学习或生活中的问题时，爸爸总能够站在小殷身后，想办法帮助小殷解决问题，而妈妈总是能够耐心地倾听小殷的烦恼。

在邻居和同学们的眼里，小殷的家庭很幸福，很美满。

然而，小殷的内心并不快乐。

小殷的爸爸是一个非常理性的人，极为自律，做事力求完美，不容半点瑕疵，爸爸的口头禅是："要做就做到最好，要么就不做。"爸爸的下属不管怎么努力工作，爸爸总是能够找到不够完美的地方，指责下属做得不够好，爸爸的下属都很畏惧他。

爸爸非常看重小殷的学业，给小殷报了很多辅导班，请的都是最好的老师。爸爸对小殷的要求很高，他常常对小殷说的一句话就是，"我们对你严格都是为了你的将来好，现在你不懂，以后你会懂的，你不要辜负了我们的一片苦心"。爸爸对小殷的管理也极为苛刻，要求小殷事事做到完美，在学习上他只关注小殷的分数，要求小殷必须每次都要有进步，从来不关心小殷内心的感受。

爸爸希望小殷以后出人头地，成为优秀的人，每个假期，他都会给小殷安排满满的补习班。假期，小殷要么在补习班上课，要么在去补习班的路上，自由休息的时间很少。让小殷印象深刻的一件事情就是暑假的时候，爸爸像画建筑设计图一样，给小殷安排了密密麻麻的暑假学习计划，计划占满了那张有 1 米长的纸。每年，小殷总会从爸爸的口中听到他身边的同事或者朋友的孩子考上清华、北大等名牌大学的信息。

小殷在老师和同学心目中是非常优秀的学生，但在爸爸眼里，小殷还有进步的空间，还可以做得更好。无论小殷多么努力，依然得不到爸爸的认可，爸爸总会拿比小殷更优秀的人跟小殷做比较。爸爸很少夸奖小殷，小殷的内心一直非常渴望得到爸爸的认可。有一次小殷考了 99 分，兴高采烈地拿着试卷告诉爸爸这个好消息。爸爸拿过试卷看了看，非常严厉地批评了小殷："你为什么连这道简单的题都没有做对？这是一个低级错误，这种错误不要再出现第二次了！"

小殷爸爸的工作充满了各种挑战，爸爸经常强调面对挑战，要迎难而上，在挫折中磨砺自己。在爸爸的眼里，只要内心足够强大，就没有解决不了的问题。

其实，小殷也有脆弱的一面：面对选择，她会纠结；面对压力，她会比同龄的孩子更加敏感焦虑；小殷也怕黑，缺乏安全感。但是因为爸爸不允许小殷表现出任何负能量的一面，所以当小殷遇到问题不知如何抉择、面对压力不知如何排解、遇见无法完成的挑战时，她都不敢向爸爸倾诉。因为一直非常渴望得到爸爸的认可，小殷把所有的苦恼都藏在了自己的心底。

小殷的妈妈是某三甲医院的科室主任，妈妈非常看重家庭，经常陪伴在小殷身边。妈妈把所有的自由时间都留给了小殷，给小殷做饭洗衣，带小殷逛街，周末陪小殷出去玩。每天上学前妈妈都会提前把牛奶放进小殷的书包，帮小殷收拾整理好学习相关用品。妈妈在衣食住行上总是给小殷最好的，每年都会支持小殷出去旅行，而自己却省吃俭用，舍不得给自己买新衣服。

小殷很感激妈妈对自己无微不至的付出，而妈妈也从来不对小殷提任何要求，总是不断地给予小殷关爱。小殷内心却害怕甚至讨厌妈妈对她太好，妈妈对小殷的好会让小殷心里有莫名的巨大压力。当小殷成绩考得不好的时候，她会觉得自己配不上妈妈的关心。

小殷心里明白，爸爸对自己有很高的期待，妈妈的付出也进一步让小殷觉得自己得到了父母太多的爱，绝对不能辜负父

母，让父母失望。因为承受着很大的压力，小殷学习并不开心，一直处于紧张焦虑和内心的痛苦之中。每次考试前，小殷总是担心自己会考砸，为此很焦虑。

为了得到爸爸的认可，为了不辜负妈妈的爱，小殷学习非常刻苦，她在心里暗暗告诉自己，一定要超过爸爸总是提到的小白，我要配得上妈妈的爱。她白天拼命学习，课间 10 分钟也抓紧时间刷题。她也会给自己定很高的目标，为了完成学习计划，有时她晚上只休息 4 ~ 5 小时。长期的超负荷学习透支了小殷的身体，小殷开始出现失眠，半夜还会不自主地醒来，醒来以后就睡不着了。一次晚上熬夜学习的时候，小殷咯血了，从那时起，小殷的爸妈终于开始重视小殷的身体，带她去医院检查治疗，由于长期的高压、身心的超负荷运转和休息的严重不足，小殷被诊断出了抑郁症和胃炎。

经过一段时间规范化的治疗以后，小殷的身体逐渐康复，医生嘱咐小殷，以后学习上要劳逸结合，注意休息，小殷却回答道："只要能够拿到好成绩，我累死了也愿意。"一旁的奶奶忍不住流下了心疼的眼泪。

专家解析

望子成龙、望女成凤是每一个家长的心愿，这是人之常情，可以理解。但小殷爸爸过多关注小殷的学业，给小殷带来了沉重的负担和巨大的压力，是以爱之名行伤害之实。当压力不能承受的时候，小殷陷入了崩溃，思想变得极端，身体和心理都出现了问题。爱是一种能力，让孩子感受到的爱才是真正的爱。

当小殷面对困难时，爸爸会理性分析，提供解决问题的方法。爸爸也投入了很大的精力培养小殷，但他忽视了小殷内心的情感，不允许小殷表达存在于每个人身上的脆弱的部分，这样的爱是冰冷的。理性的思考可以解决现实的问题，但并不能走进孩子的内心，爱是情感的交流，是心与心的碰撞。

爸爸的完美主义性格特质导致其对小殷有不合理的苛刻要求，在完美主义者的认知中，要么做到完美，要么就是做得不好。小殷考了99分，而爸爸关注的是小殷被扣掉的1分。爸爸过于关注小殷的缺点或者她没有做到的，对小殷已经拥有或者做到的部分视而不见，这会让小殷怀疑自己、否定自己，变得自卑，演变到最后极端的努力，为的就是得到爸爸的认可。

小殷的妈妈为小殷付出了很多，但妈妈这种忽视自己的需求、牺牲式的付出，给小殷造成了巨大的压力。虽然妈妈没有对小殷提要求，但付出本身就是压力，小殷会不得不想着去回报妈妈极端的付出，以获得道德和良心的慰藉。然而，妈妈牺牲式的付出，是小殷永远也回报不了的，这是妈妈需要看到和解决的一个问题。

专家支招 🔔

▶ 对于孩子

（1）学会积极关注。受家庭教育环境的影响，小殷也遗传了爸爸的完美主义性格，加上为了赢得爸爸的认可，小殷对自己有着过于苛刻的要求。小殷需要学会积极关注已经做到的部分，并承认自己已经做得很棒了。自己不仅在老师、同学眼里是一个优秀的孩子，事实上自己本身就是一个不错的孩子，只是爸爸也有不足的地方，不太懂得如何表达对孩子的赞美。

（2）允许脆弱，才能坚强。小殷应该明白，每个人都有自己的弱点与软肋，胆小与勇敢、柔弱与坚强本就是一个完整的人的不同方面。真正的勇敢是虽然害怕，但依然勇往直前。真正的坚强是即使经历失败，也能坚强站立。允许自己有脆弱的一面，才能避免自责的内耗，才能在柔弱中学会坚强、在脆弱中学会成长。

▶ **对于家长**

（1）学会接纳不完美。小殷的爸爸是典型的完美主义型人格，追求完美的精神是值得尊重的，不过金无足赤、人无完人。爸爸需要明白人有优点的同时也有自己的缺点，学会允许不完美的存在。当父亲能够看见自己的缺点与不足，允许自己不完美时，也就能够接纳小殷的不完美了。

（2）教育的理论离不开情感的支持。如果没有了情感的支持，教育就是冰冷的。如果父母过于理性地和孩子沟通，就不能感受到孩子内心的情绪。没有了情感的支持，任何高超的教育理论都会显得苍白。这个时候，父亲传递给孩子的不是帮助，而是情感被忽视的创伤，孩子的任何努力都是孤独而痛苦的。

当孩子感受到父母的情感支持的时候，孩子的内心才不会感到孤立无援。在父母的陪伴与支持下，在爱的滋养下，孩子心中自然会生出力量，直面困难与挑战，勇敢前行，自信而快乐地生活。

（3）爱自己，才是真的爱孩子。小殷的妈妈需要明白的是，好的父母为自己而活，父母爱自己，才是真的爱孩子。父母爱孩子，并不意味着要把时间、精力都花在孩子身上，整天盯着孩子。为什么这么说呢？因为你只能给予孩子你拥有的。快乐的定义即内心需求的满足，一个人内心的需求得到满足才能真正快乐。小殷的妈妈要学会为自己而活，看到自己的需求，满足自己的需求，这样才能真正快乐。水满则溢，妈妈只有学会爱自己，才能爱小殷。

在爱自己与爱孩子之间，有一个最佳的距离，在那里，彼此都能感受到需求的满足，感受到最大的温暖。

► **对于学校**

除了家庭，学校是培养孩子正确思想的重要场所，学校要营造轻松、活泼的学习氛围，老师要引导孩子们正确看待成绩、看待分数。特别是小殷内心信任且认同感高的老师，可以在上课之余与小殷沟通交流，教小殷学会降低苛刻的标准，学会接纳自己、肯定自己、欣赏自己。比如对小殷发自内心的赞美，有助于小殷学会不靠完美获得认同，从而建立自我认同感。老师应给小殷传递正确的价值观，让其明白一个孩子的优秀在于品质，而非分数，努力刻苦的孩子就是成功者，就是一个优秀的孩子。

第 17 节
"坏孩子"小杰变形记

蒙华庆

案例故事

　　小杰从小勤奋好学，学习成绩一直在年级名列前茅，是一个老师称赞、父母喜欢、同学羡慕的品学兼优的好学生。小学毕业，他以全县第一名的优异成绩考入某重点中学读初中。

　　上初中后，他不仅勤奋学习，成绩优异，而且乐于助人，同桌女生经常找他讨论学习方面的问题。小杰同寝室一男生是该女生的同乡，对该女生产生好感并试图接近她时遭到该女生的拒绝，因此该男生对小杰心生嫉妒，并将自己遭到的冷遇迁怒于小杰，一心想报复小杰。该男生便邀约小杰同寝室的其他几个男生经常无端挑衅小杰，辱骂殴打小杰，将他们吃剩的馒头强行塞到小杰的嘴里，把小便解到小杰的水杯里，甚至冲着小杰小便。小杰遭此霸凌后感到既痛苦又愤怒。小杰因羞于告知家人和老师而一直默默地忍受着痛苦，脑海里经常充斥着痛苦的回忆，完全无法集中注意力学习，课堂上经常发呆，学习成绩直线下降，因此经常遭到老师批评，也逐渐被老师和同学冷落。回家又遭受父母不问青红皂白的斥责甚至殴打，小杰彻底崩溃了，经常想着如何可以报复那几个同学。从此，小杰的脑子里装的全是极度的委屈、痛苦、愤怒和仇恨，没有心思学习，谁看他不顺眼就把仇恨泄向谁，因此经常和同学发生矛盾冲突，甚至参与校内外的打架斗殴，晚上还经常偷偷翻越学校围墙上网吧狂打游戏以宣泄心中的烦闷。这样，小杰成了学校有名的成绩和品行的"双差生"。通过好朋友的建议和劝导，终于有一天小杰的妈妈把他带到了心理诊所。刚开始的时候，小杰的抵触和不信任心理很突出，不愿意对心理医生讲心里话，交流时间稍长便显得不耐烦。在心理医生尊重、真诚、接纳、共情等一系列技术的综合干预下，小杰终于打开了心结，度过了心理危机，从痛苦的深渊中走了出来，并重新燃起了生命的火焰，扬起了人生的风帆。他刻苦学习，考上了理想的大学，当年初中都难以毕业的他成了家族中第一个大学生。心理医生的具体干预过程及要点如下所述。

1. 运用尊重 、真诚、接纳、共情等心理技能干预

（1）针对他的对立心理，充分地接纳他、理解他，减轻乃至消除他的对立情绪，拉近他与关心他的人的心理距离。

（2）针对他"以烂为烂、破罐子破摔"的心理：

①用爱心去温暖他那颗冰冷的心；

② 积极创造学习条件，让他找回当年的学习状态和自信，使他恢复对人生的追求、对生活的热爱、对生命的珍惜。

（3）针对他仇恨社会和不信任他人的心理，用爱心和具体的行动去感化他，恢复他对社会的信任，让他真正体会到人间充满爱、世界充满爱。

（4）针对他抵触教育和管理的心理，充分地信任他，启发和引导他自觉地克服和纠正自己的问题。

2. 以环境为媒介的干预

心理医生通过改善他的家庭环境、人际交往环境、校园环境等来改善他的生活环境，进一步巩固他刚刚恢复的信心和对学习的兴趣，使他重新燃起的生命的火焰持续燃烧并越燃越旺。

3. 个体资源取向的干预

（1）充分发现他在读书学习、语言表达、人际交往、兴趣

爱好等方面的优点。

（2）以上述优点为个体资源，充分发挥他的资源优势，以此为行为发展的起点，恢复他对生活和学习的兴趣与信心。

（3）通过引导他树立自尊、自信和强化正面行为，促进他自我成长、自我发展。

专家解析

（1）小杰因遭受校园霸凌而产生严重的心理创伤，他的心里既痛苦又愤怒，脑海里经常充斥着那些痛苦的遭遇，因此，上课、看书、写作业完全无法集中注意力，课堂上经常发呆，同时因心里经常想的是如何报复那些伤害他的同学而无心学习，完全丧失了学习兴趣，从而导致学习成绩直线下降。

（2）品学兼优的小杰因校园霸凌变成了品学俱差的"双差生"，年少的小杰没有那么强大的内心，无法承受如此大的打击，若此时能得到亲人和老师及时的关心与帮助，小杰有可能就会度过危机，不至于精神崩溃。然而，十分遗憾的是，小杰的老师和父母都只关注小杰的学习成绩严重下滑和表现不好的表象，没有理性地思考和深入地分析品学兼优的小杰为什么一下子变成了品学俱差的"双差生"，甚至还给予严厉的批评，特别是家长不问青红皂白的斥责甚至殴打，更加重了小杰的心理创伤和对社会的仇恨心理，最后使小杰彻底崩溃了。

（3）专业的心理援助使小杰重获新生。心理医生的爱心、真心和系统的专业干预使小杰打开了心结，从痛苦的深渊里走了出来，重新燃起了生命的火焰，获得了新生。其中，充分地尊重、真诚、接纳、共情是打开小杰紧闭的心灵窗户，并消除他仇恨社会和不信任任何人的心理的重要干预技术。以环境为媒介的干预和个体资源取向的干预是让小杰恢复学习兴趣、学习能力和自信心的主要技术。

（4）校园霸凌常常是在十分隐蔽的场所实施的，不易被人发现。而霸凌者也常常会采用语言恐吓或加倍惩罚的方式去阻止受害人告发。同时受害人也常常因觉得这样的事情是耻辱的而不愿告诉他人，或怕被加倍惩罚而委曲求全，因此不敢也不愿意告发，从而使霸凌者更加有恃无恐，且霸凌行为不易被老师和家长及时发现。因此，如孩子不明原因地出现反常情绪和行为，家长和老师要深入了解真实原因，及时发现和阻止校园霸凌事件。

（5）应对挫折与打击的方式有消极的和积极的两种。小杰面对校园霸凌采用忍让、暗自伤心和痛苦、自暴自弃的消极应对方式，结果使霸凌事件持续化和霸凌事件的后果复杂化。在心理创伤不断加重以至无法承受时，他又欲采用不顾后果的极端方式去解决问题，使自己内心的冲突更加激烈，使事件的矛盾冲突更加尖锐化。

专家支招

▶ **对于小杰**

（1）当学习和生活中遭受挫折或自己无法克服的困难时，要及时告知家长和老师以得到他们的帮助。要知道校园霸凌行为是令人痛恨的不耻行为，但你是受害人，这不是你的过错，你完全没必要感到羞耻。如果你讲出来了，家人和老师可以及时地关心帮助你，霸凌者也会停止霸凌行为。你不愿意讲出来实际上就是在帮助霸凌者保密，让他们更加肆无忌惮。你不讲出来，让家长和学校老师蒙在鼓里，他们直接感受到的和观察到的是你的不好的学习状态、学习成绩下降和不良的行为，他们会以关心和负责为出发点对你进行批评、指责甚至体罚，让你遭受更大的伤害。

（2）面对校园霸凌不要采用忍让、暗自伤心和痛苦、自暴自弃的消极应对方式，这样不仅无助于问题的解决，而且会使霸凌事件持续化和霸凌事件的后果复杂化，加重自己的心理创伤。也不要不顾后果地采用极端的方式去解决，这样会激化矛盾，恶化事件，乃至发展成不可挽回的局面。而要寻找恰当的、积极的方式解决问题，如有策略地抗争，向家长和老师乃至学校领导报告以得到他们的帮助。

► **对于家长**

不要只关注孩子的学习成绩和行为表象，要多关心孩子的生活和心理。特别是发现孩子在学习和行为上出现反常现象时，要耐心且认真地了解原因，不能不问青红皂白地一骂了之。

▶ **对于学校**

（1）发现学生在学习和行为上出现反常现象时，要耐心、深入地了解原因，针对原因有的放矢地进行教育和帮助。

（2）要加强学生的生活管理和寝室管理，严防校园霸凌事件的发生。

第 18 节
危险的微笑

蒙华庆

案例故事

彤彤今年 14 岁，初三学生。彤彤聪明伶俐，活泼开朗，学习勤奋，成绩优异，一直名列年级前茅。近段时间彤彤常莫名其妙地感到心情郁闷，高兴不起来，对任何事都提不起兴趣，严重时有消极厌世和自杀的想法，脑袋一片空白。平日爱说爱笑的她突然变得少言寡语，经常表现得闷闷不乐，回家也喜欢把自己反锁在房间，不与家人交流。她在学校上课也无精打采，要么发呆，要么趴在桌子上睡觉，学习成绩一落千丈。班主任老师急了，把彤彤叫到办公室谈话，当老师问彤彤为什么这段时间状态这么差、学习成绩下降这么厉害时，彤彤什么也说不出来，只是摇头。老师纳闷了，猜想彤彤可能有什么不可告人的秘密，于是马上打电话告知家长。妈妈把彤彤带回家后审问式地问了她一连串问题："你到底在学校发生了什么事情？你如实告诉我！""你是不是和同学发生矛盾了？""你是不是耍朋友了？"……彤彤确实不知道为什么这段时间心情和状态这么差，因而无言以对。妈妈这一连串问题好像一根根无形的

针扎进了彤彤的心脏，她感觉痛苦和委屈到了极点，眼泪扑簌簌地直流。妈妈见状越发生气，心想你还用眼泪来威胁我，然后丢下一句"你给我好好反省！"就甩门出去了。彤彤感到彻底无助了，本来心情就很不好，在学校老师不理解，回到家里自己的妈妈也如此不理解，还这样对待自己，她伤心到了极点，于是想到了自杀。到吃饭的时间，妈妈叫了几遍，见孩子没有反应，便开门走进彤彤卧室，一下吓傻了。彤彤躺在床上，手腕上鲜血直流，被子被染红了一大片。妈妈马上把彤彤送到医院，心理医生诊断彤彤为重度抑郁，建议住院治疗。妈妈仍然觉得是彤彤在要挟她，并觉得医生小题大做，开了点药就带彤彤回家了。

两天后，彤彤笑嘻嘻地找到妈妈说："妈妈，我没什么事了，可以上学了。"妈妈一听高兴地说："我就说我女儿很乖嘛，好，到学校好好学习，快中考了，争取考上重点中学。"彤彤转身回到自己的房间，把已写好的遗书放在书桌上，迈着沉重的脚步走出了家门。半小时后，妈妈的电话响了，对方是水上派出所的民警，说彤彤跳河自杀被救。妈妈听后又害怕又迷惑，孩子走的时候不是好端端的吗？为什么会发生这样的事情？她好

像突然想起了什么，一下子冲到彤彤的房间，发现书桌上摆着一封信，急忙打开一看，是彤彤留下的遗书，妈妈一下子醒悟了，原来孩子是存心想死的！

专家解析

（1）起源于儿童和青少年时期的抑郁障碍是引起儿童青少年严重心理危机的最常见原因之一。新近研究显示，我国儿童青少年精神障碍总发生率为 15.6%，其中抑郁障碍发生率为 2.8% ～ 4.6%，发病的高峰年龄是 13 岁。

2018 年《中国青年发展报告》显示，中国 17 岁以下儿童青少年中至少有 3000 万人受到各种情绪障碍和心理行为问题的困扰，处于心理亚健康状态，每年至少有 25 万人因心理问题而丧失生命，情绪障碍和自杀关系最为密切，自杀已成为儿童青少年人群的头号死因。

2020 年心理研究团队对中小学生心理健康状况调查的结果为：严重抑郁情绪者 19.11%，即每 10 人就有 2 人有严重抑郁情绪，其中 24.79% 有自杀想法，3.31% 的学生有自伤自残行为，自杀未遂的学生也高达 1.5%。

儿童青少年情绪障碍的发生率虽然如此之高，但非常令人遗憾和担忧的是在现实中绝大多数父母和老师对孩子的严重情绪障碍和自杀想法一无所知。彤彤的情况正是如此，她患上了严重的抑郁障碍，父母和老师对此都毫不知情，还对彤彤进行胡乱猜测，大大加重了彤彤的情绪障碍。

儿童青少年的情绪障碍，特别是抑郁障碍，是引发儿童青少年心理危机的最重要因素之一，需要高度重视。

（2）彤彤患的是抑郁障碍，这是一种情绪性心理疾病，表现为常常莫名其妙地感到心情郁闷，高兴不起来，对任何事都提不起兴趣，精神萎靡不振，严重的会产生厌世轻生念头甚至自杀行为。彤彤的妈妈和老师要彤彤说明精神状态差和学习成绩下降的原因，但由于她本人也不知道是什么原因，所以她确实无法讲清楚。加之被误解，她产生了强烈的抵触情绪，当老师和妈妈询问她原因时便一言不发，从而引起老师和妈妈的无端猜忌，加重了彤彤的抑郁情绪。当彤彤已经发生自杀行为时，妈妈仍然未给予足够的重视，未对彤彤进行应有的监护，为严重危机事件的发生埋下了隐患。患者亲人和学校老师缺乏儿童青少年情绪障碍的相关常识和意识，采用不恰当的处理方式，常常是儿童青少年发生严重心理危机的导火索。

（3）自杀有时候是防不胜防的，自杀欲望强烈的人为了达到自杀成功的目的，常常会采取一些掩人耳目的方法麻痹身边人，以完成他／她的自杀行为。彤彤就是以微笑的表情麻痹了她的妈妈，这在专业上称为"微笑性自杀"，这种反常的微笑是非常危险的。

专家支招

▶ **对于孩子**

（1）发现自己情绪异常时，要及时告知家长和老师以得到他们的帮助，而不要闷在心里，让家长和老师蒙在鼓里。

（2）一旦出现过度而持久的、不能用正常心理解释的抑郁情绪时，要想到可能是心理疾病，要及时就医。这种疾病通过及时规范的治疗一般都会完全恢复健康，不要太紧张和担心。

（3）抑郁障碍严重时会产生自杀意念，此时要告诉自己，这是疾病的表现，而不是现实真有那么糟糕、自己的人生真有那么悲哀。对待疾病的正确态度和方法是寻求医疗帮助，而不是寻求自杀。因此，如情绪非常糟糕，特别是莫名其妙地产生自杀的想法时要及时向亲人求助，让他们带你去医院诊治。

▶ 对于家长

当孩子情绪、行为反常时，家长要认真了解原因，不要随意猜测孩子，更不要有伤害孩子的行为。儿童青少年是情绪疾病的高发群体，年轻的父母要具备一些这方面的常识，一旦发现孩子有这方面的迹象，要及时送孩子上医院寻求专业治疗。抑郁情绪最严重的风险是自杀，因此，一旦孩子被诊断为抑郁障碍，家长就要提防这类危机事件的发生。一旦明确有这方面的风险甚至已有自杀行为时，家长更要高度提防，特别要尊重专业人员的意见和寻求专业的帮助。家长对孩子显露出来的危机信息要做到"三个宁可"：宁可信其有，不可信其无；宁可信其大，不可信其小；宁可虚惊一场，不可麻痹大意和心存侥幸。

▶ **对于学校**

学校老师在重视学生学习的同时还要重视学生的心理健康。儿童青少年大部分时间在学校，而且情绪障碍性心理疾病也最容易在有压力的学习活动中显现出来。因此学校老师相较于家长更需要具备情绪性心理疾病的常识和增强这方面的意识。一旦发现学生情绪行为反常时，要认真了解原因，不要随意猜测孩子，更不要有伤害孩子的行为。一旦发现学生有抑郁迹象时，也要做到"三个宁可"：宁可信其有，不可信其无；宁可信其大，不可信其小；宁可虚惊一场，不可麻痹大意和心存侥幸。

第 19 节

孤独缺爱的留守儿童

陈晓鹭

案例故事

　　飞飞生活在某个小镇上，父母从飞飞 1 岁起，就离开家乡，去深圳某电子厂工作，飞飞从小由外公外婆抚养长大。在成长的过程中，父母为节约开支，每年只在春节回来一次，平时很少联系在家乡的儿子。从小飞飞就对父母十分陌生，没有很亲密的感情。而飞飞的外公外婆文化程度都很低，在教育飞飞的过程中，往往采取比较暴力的方式。飞飞常常觉得委屈，缺少家庭的关心和温暖，他的性格特别胆小、怕生、内向，从小到大他都更喜欢一个人思考、学习、玩耍，身边几乎没什么朋友，他觉得自己是在适应孤独。

　　飞飞一直对自己的家庭感到自卑，觉得自己仿佛是个孤儿。但他的成绩总是很优秀，他喜欢沉浸在学习里，因为学习可以让他得到父母更多的关注，所以他不敢不努力。他总是想，也

许自己成绩好一些，父母、外公外婆就能更多地关爱自己。他
总是这么安慰自己，努力维持着这个"唯一"的优点。升入初
三后，随着学习内容的增加，飞飞的学习压力变大，他找不到
人倾诉自己的烦躁与紧张，总是一个人默默地消化掉自己的情
绪。渐渐地，他觉得自己更不爱说话了，情绪总是很低落，学
习效率开始变得低下。半期考试结束后，他的成绩由全班前 3 名，
掉到了第 30 名，当他把成绩给外公外婆看的时候，没有得到

一句安慰，他们反而不断地诉说照顾飞飞的辛苦、诉说飞飞父母常年在外打工赚钱的辛劳和牺牲，说到气愤之处，外公甚至拿衣架抽打飞飞。飞飞感到十分难过，他不知道为什么自己要遭遇这些不公平的对待。他恨父母把他一个人留在家乡，生了自己而不养自己；他恨外公外婆总是辱骂殴打自己，从不关心安慰自己；他更恨自己，为什么要来到这个世界上，承受这么多不公平的事情。

回到学校以后，飞飞变得更加孤僻，总是独来独往，不和班上的其他同学交流。为了不和同学打招呼，午饭后他甚至会绕小路回到教室。每天晚上飞飞都会做很多梦，在梦里他常常撕心裂肺地控诉他的父母，或者梦见自己考了倒数第一名。而到了白天上课时，他又常常因为晚上睡眠不佳而昏昏欲睡，无法专注于老师讲的内容。这种情况持续1个月后，飞飞的月考成绩再次下滑了10名，这一次，飞飞不想再把卷子带回家给外公外婆看了。飞飞恨自己，觉得自己唯一的优点也没有了，他再也无法获得父母的关爱，他对一无是处的自己感到自卑，认为这个世界对自己已经失去了意义。

老师察觉到这学期飞飞成绩的巨大起伏，找到飞飞，进行谈话。飞飞觉得自己很难和老师谈发生在自己身上的事情，觉得老师不可能理解自己，认为老师也不是真的关心自己，老师在乎的只是自己的成绩而已，对老师的问话爱搭不理。飞飞在学校的情况变得越来越差，他可以整日不说一句话，闷闷不乐，完全不参与集体活动，上课可以整节课睡过去，有时也会被人发现拿刀在自己手臂上乱划。老师观察到这些情况后，非常着急，打电话和飞飞的父母进行了沟通。父母十分担心，连夜坐飞机赶回家并带飞飞到附近医院的精神科就诊，医生诊断后认为飞飞存在抑郁情绪，需要药物及心理治疗。

专家解析

"留守儿童"是指父母双方外出务工或一方外出务工而另一方无监护能力、不满十六周岁的未成年人。这是目前中国的一个特殊群体，特别是在广大农村地区，存在大量由老人代养的留守儿童，这些老人当中有很大一部分是文盲、半文盲的状态，在这种情况下，儿童的教育往往存在不同程度的困难；而留守儿童当中又有很大一部分常年缺少父母的关爱。所以，父母关爱的缺失和学习压力及教养是他们面临的重大困境。

"留守儿童"在成长过程中，因为常年无人监护，容易产生性格柔弱内向、易自卑、孤僻无靠、埋怨父母等情况，本案例中的飞飞在成长过程中缺少父母的陪伴及关心，导致自身的稳定感及安全感都较为缺乏，性格孤僻胆小，难以交友，过度自卑，过度看重学习对自己的意义，抗压能力弱，出现了抑郁情绪。长期持续存在的抑郁情绪导致其人际交往等出现负性循环。

本案例中，飞飞出现的抑郁情绪属于人类各种情绪之一。存在抑郁情绪不等于就患有抑郁症，当在一定的现实基础上出现抑郁情绪，且持续时间短能够自我恢复，是不需要过度干预的。但飞飞的抑郁情绪持续时间长（长达数月），对他的社会功能（学习、日常生活等）产生了巨大的影响，基于此，需要考虑他存在抑郁症的可能。

父母及外公外婆只关心飞飞的成绩，对他的日常生活缺少足够的理解及关心。在飞飞遇到问题时，他找不到让其信任的人进行倾诉及分担，导致情绪差等症状逐渐加重，学习成绩日渐下滑。不只案例中飞飞的父母，目前社会中有很多父母都难以和孩子进行良好有效的正向沟通，这也导致目前社会中青少年出现各种情绪障碍的比例逐步升高。

保障"留守儿童"群体的利益是整个社会共同的责任，它不仅需要每一个留守家庭对小孩的成长及教育做出改变，也需要国家不断地完善相关法律法规，用有力的政策措施来保护留守儿童，有能力的社会机构也应该为留守儿童提供必要的帮助。而学校，作为留守儿童的教育的重要参与者，应该积极发挥作用，促进每一个留守儿童健康发展。

专家支招 🔊

▶ **对于孩子**

理解自己的自卑等负面情绪，接受药物治疗及心理咨询，调整自己不合理的认知，积极应对生活及学习中的挫折和压力。

▶ 对于家长

家长应该给予孩子足够的关心、理解、尊重、支持，不能把教养孩子的责任完全转移给长辈，除给予物质条件外，还需要更多地关注孩子的心理成长，培养孩子积极正面的思考模式，如果孩子出现情绪问题应积极就医。

▶ 对于学校

学校应关心学生的心理状态，开设心理健康课程，提升学生的认知水平和思维能力，定期举办心理卫生健康讲座，帮助学生培养更好的抗压能力，尽早觉察学生情绪的变化及波动。当察觉到问题时，学校需要积极与家长沟通及联系，共同为孩子提供帮助，使孩子治疗后能够正常复学。

▶ 对于社会

国家层面应制定相关政策及措施帮助留守儿童应对成长过程中可能遇到的问题；社会相关心理服务机构，应该积极保障留守儿童的心理健康，建立绿色通道帮助他们应对心理挫折。

　　总之，如果孩子出现案例中提到的相关症状及情况，建议前往精神科或是心身科等相关科室积极就医，完善相关的辅助检查，例如焦虑自评量表、抑郁自评量表、症状自评量表、明尼苏达人格测试、血常规、肝肾功、脑电图、脑部 CT 等，明确孩子的疾病诊断，明确是否需要药物或是其他的相关治疗，争取早治疗、早康复。

第 20 节
沉重的"精心呵护"

杨祥英

案例故事

　　小莲是一个 15 岁的女孩，家住城区，是家中的独女。小莲虽长相一般，看起来很瘦弱，但非常有礼貌，学习成绩比较优异，性格活泼开朗，深得老师和家人的喜爱。母亲从小莲小学开始就全职在家照顾她，父亲是一家大公司的经理，工作比较忙碌，有时候下班回家小莲已经睡了，只有周末能有一点和小莲待在一起的时间。

　　母亲对小莲的管教比较严格，早餐必须吃面包、一个鸡蛋和喝一瓶牛奶，晚餐母亲会不停地往她的碗里夹蔬菜、肉类等，同时要求小莲每天必须吃一个苹果提高抵抗力，这样的饮食从不间断。有时候，小莲想吃点烧烤、火锅之类的食物，母亲总是以不卫生、影响健康为由拒绝。从小小莲柜子里的衣服都是母亲自己挑选的，从来没有问过她的意见。一起逛街买衣服时，虽然有时候母亲也会问一问她的意见，但当她选出自己喜欢的衣服时，母亲都会以款式、颜色不好看或不适合为由而拒绝购买。小莲出门穿什么都是母亲严格按照天气预报来安排的，且不许有一丝一毫的反对。小莲的寒暑假及周末都被兴趣班、补习班占据了。每当这个时候，她就特别羡慕别人家的孩子，有时候也会忍不住和母亲提议出去玩。母亲总会告诉她现在需要好好学习，争取考个好的大学，以后生活才会没那么艰难。母亲也不允许她去远一点的地方，约小伙伴出去玩时总会有三连问："你跟谁出去玩？""男孩还是女孩？""你们出去玩什么？"只要她晚上九点前没回家，母亲就会不停打电话、发微信。母亲的控制欲没有随着小莲的长大而减少，反而因为担心小莲变坏、不会识人而变本加厉。

从初一下学期开始，小莲的性格就变得比较内向了，脸上的笑容也逐渐减少，与同学和朋友聊天及外出的时间更少了，喜欢一个人独处，与人聊天时总是不喜欢注视别人的眼睛。下课的时候，她也总是独自坐在位子上，不与其他同学聊天，上课时注意力还算比较集中，学习成绩仍然能够保持在班级的前几名。初二下学期，小莲逐渐出现了上课不能专心听讲、学的东西也感觉记不住的情况，有时候还需要老师点名提醒才能保持专注。初三开始，小莲的症状越来越严重，总是晚上睡不着，有时候甚至要一两点才能睡着，早上 6 点又起不来，总是在上课的时候打瞌睡，作业也不能按时完成，成绩也逐渐下降。母亲认为小莲是青春期叛逆，爱玩而不爱学习，总是责备小莲，或者反复地给她讲道理，举那些小时候不好好学习长大后一无所成的例子。渐渐地，小莲变得更加沉默寡言，还经常与母亲发生争吵。但母亲仍然没有引起重视，不停地督促她起床、做作业、吃东西等等。看着孩子变得越来越"不听话"，父亲也加入了督促及责备小莲的队伍。小莲有时候会问母亲"我这样活着还有什么意义呢？"，有时候会用手不停地掐自己。父母都认为小莲是企图通过这样的方式引起他们的注意，让他们同意她不学习。初三下学期开学小莲就开始不去上学，整天把自己关在房间里，不出门，也不让母亲进房间，甚至不愿与母亲说话，每天只吃一两顿饭。这时候母亲和父亲的责备、教育仍然不断地回响在家里。

专家解析

　　小莲在母亲的"精心呵护"下，从一个学习成绩优异、活泼开朗的小女孩，逐渐变成了一个上课注意力不集中、作业不能按时完成、成绩逐渐下滑的"坏孩子"，从一个别人家的好孩子，变成了老师及家长眼中的"问题孩子"。其实小莲的成绩下滑不是她不好好学习导致的，而是本身情绪受到了影响，没有办法专心学习。

　　而小莲的母亲对她的诸多限制，也成了小莲的一种负担。父母往往以为这是一种爱孩子的表现，而在孩子的眼中，这样的爱会导致她受到越来越多的束缚，这种束缚渐渐也成了一种压力，使小莲从一个活泼开朗的孩子，变得越来越沉默寡言。小莲偶尔的反抗，成了母亲眼中的"不听话"。其实，有时候孩子的反抗表明她的独立意识开始形成了，并不一定是坏事。

　　当小莲逐渐变成了父母眼中"不听话的孩子""不爱学习的孩子"时，父母只注意到了小莲表现出的行为，以为是自己的"爱"不够，就想要给予更多的"爱"，让孩子变成以前那个学习成绩优秀、乖巧听话的孩子。父母的这种想法，促使他们对孩子施加更多的监督、限制等等，这些行为加重了小莲的心理负担，使其成长的空间更小、更压抑，也进一步加重了她的焦虑抑郁情绪，甚至出现了轻生的念头及行为。

小莲的父母对孩子心理问题的忽视、对孩子的不理解，会导致孩子没有与父母沟通的欲望，因为说了也没用，或者说了之后带来的是更多的压制，最后就会变成父母与孩子之间不沟通，甚至出现相互反感的情况。小莲与父母之间不沟通或无效沟通，导致她的情绪没有地方宣泄，一直闷在心里，抑郁情绪也越来越严重。

母亲对小莲的"过度关爱"往往与自身的压力有关。母亲常会把生活中面临的压力转嫁给孩子，对孩子会有过多的要求，或者将自己未满足的期待强加在下一代身上。然而这些要求通常是以自我为中心的，忽略了孩子真正的感受。

被父母过度关爱的孩子，私人空间总是处于被侵占、被填充的状态，他们会想方设法地挣脱这种桎梏。其中，一部分人会表现得叛逆，对父母的疼爱全盘否定；还有一部分则会在父母的管束中妥协，变得过分依赖父母，判断和选择能

力日益减弱；还有一部分人会出现失眠、焦虑、抑郁等症状；更有甚者以自杀的方式来进行反抗。

专家支招 🔊

> ▶ **对于孩子**

母亲的过多关注对孩子来说已经成了一种压力及负担，孩子可以适当向其他同龄人、亲戚等倾诉。说出来是一种宣泄，会让你的情绪得到部分改善，你也能在他们的指导下找出合适的方式来应对父母这种过度的关注。

当情绪完全影响了自己的学习、生活的时候，你就需要找父母带你上医院就诊，听从专业人员的建议，服药或者进行心理咨询。其实，现在情绪问题已经很常见了，这不是你的错，也不是因为你不听话，只是因为你病了，需要专业人员的支持而已。得这种疾病也并不羞耻，因为情绪问题是青少年疾病中很常见的一种。

▶ 对于家长

家长在对孩子履行爱的职责时，应当适度，多一些引导，少一些约束。家长应培养孩子的独立自主性，鼓励孩子做力所能及的事，遇到需要孩子独立面对的选择时，应该敢于放手，把决定权交给孩子，适当地提出建议而非要求。

在养育孩子的过程中，家长要明白哪些是自己的焦虑，哪些是自己的期望，这些事情是自己希望的还是孩子希望的。家长需要尽力克服自身的焦虑，给孩子一个宽松的心灵成长空间，要做孩子生活的引导者，而非强制者，指导而不过度干涉，甚至强迫。

家长要试着站在孩子的角度思考问题，与孩子保持适当的心理距离，不要过分干涉，要把孩子当成独立的个体，和他们交朋友，让他们有更多的自主权，学会自我管理。这样的话，孩子有什么心理问题会及时告诉你，你也可以尽早地干预。

▶ 对于学校

如果发现学生的成绩突然下滑、上课注意力不能集中，学校要多注意、多关注，并且耐心地询问其原因，不能一下把他们列入坏孩子的行列中，对其教育、施压等。

　　学校不要只注重孩子的学习成绩，也要多关注孩子的心理健康。对于确实有问题的孩子，学校要尽早提醒家长带孩子寻求专业人员的帮助。

参考文献：

[1] 温宇娇, 徐一凡, 乔丹, 等. 青少年非自杀性自伤行为的社会心理因素解释模型及干预研究 [J]. 国际精神病学杂志, 2020,47(5):885–888.

[2] 郑莺. 武汉市中学生自我伤害行为流行学调查及其功能模型 [D]. 武汉：华中师范大学, 2006.

[3]ZETTERQVIST M.The DSM–5 diagnosis of nonsuicidal self–injury disorder:a review of the empirical literature[J].Child&Adolescent Psychiatry&Mental Health, 2015, 9(1):31–43.

[4]WILKINSON P O, QIU T, NEUFELD S, et al. Sporadic and recurrent non–suicidal self–injury before age 14 and incident onset of psychiatric disorders by 17 years:Prospective cohort study[J]. The British Journal of Psychiatry: the Journal of Mental Science, 2018. 212(4):1–5.

[5]YATES T M, TRACY A J, LUTHAR S S.Nonsuicidal sef–injury among "privileged" youths:longitudinal and cross–sectional approaches to developmental process[J]. Journal of Consulting & Clinical Psychology, 2008, 76(1):52–62.

[6] NOCK M K, PRINSTEIN M J.Contetual features and behavioral functions of self–mutilation among adolescents[J].Journal of Abnormal Psychology, 2005, 114(1):140–146.

[7]SHER L, STANLEY B. Biological models of nonsuicidal self–injury[M] // NOCK M K.Understanding nonsuicidal self–injury:Origins, assessment, and treatment. Washington DC:American Psychological Association, 2009:99–116.

[8]RUSS M J, CAMPBELL S S, KAKUMA T, et al. EEG theta activity and pain insensitivity in self–injurious borderline patients[J].Psychiatry Research, 1999, 89(3):201–214.

图书在版编目（CIP）数据

未成年人心理危机问题：专家解析与支招 / 蒙华庆
主编. -- 重庆：重庆大学出版社，2023.6（2024.12重印）
（未成年人心理健康丛书）
ISBN 978-7-5689-3828-0

Ⅰ.①未… Ⅱ.①蒙… Ⅲ.①青少年—心理健康—健
康教育 Ⅳ.①G444

中国国家版本馆CIP数据核字（2023）第061085号

未成年人心理危机问题：专家解析与支招
WEICHENGNIANREN XINLI WEIJI WENTI：ZHUANJIA JIEXI YU ZHIZHAO

主　编　蒙华庆
副主编　杨发辉　郑汉峰

丛书策划：敬　京
责任编辑：黄菊香　　版式设计：原豆文化
责任校对：邹　忌　　责任印制：赵　晟
＊
重庆大学出版社出版发行
出版人：陈晓阳
社址：重庆市沙坪坝区大学城西路 21 号
邮编：401331
电话：（023）88617190　88617185（中小学）
传真：（023）88617186　88617166
网址：http://www.cqup.com.cn
邮箱：fxk@cqup.com.cn（营销中心）
全国新华书店经销
重庆正文印务有限公司印刷
＊
开本：880mm×1230mm　1/32　印张：6.25　字数：110 千　插页：20 开 1 页
2023 年 6 月第 1 版　　2024 年 12 月第 2 次印刷
ISBN　978-7-5689-3828-0　　定价：45.00 元

本书如有印刷、装订等质量问题，本社负责调换